Die Autorin

Louise L. Hay begann ihre Arbeit, als sie bei der Selbstheilung ihrer eigenen Krebserkrankung erfuhr, welche Bedeutung eine positive Lebenseinstellung für den Heilungsprozess haben kann. Ihre ersten Bücher stellten in den achtziger Jahren eine Revolution für das Selbstverständnis von Aids- und anderen Schwerstkranken dar. Seitdem hat sie mit ihrer Methode der positiven Selbstbeeinflussung mehr als 50 Millionen Menschen in über 30 Ländern der Welt geholfen. Um ihr Werk ist mit Hay House ein eigener Verlag entstanden, der heute in den USA zu den wichtigsten Vorreitern alternativer Gesundheitslehren und eines neuen humanen Umgangs mit menschlichen Problemen gehört. Ihr Name wurde zum Synonym für die Aktivierung von Selbstheilungskräften zur Unterstützung jeder ärztlichen Therapie. Sie lebt in Kalifornien.

Von Louise L. Hay sind in unserem Hause erschienen:

Gesundheit für Körper und Seele (Allegria) • *Meditation für Körper und Seele* (Allegria) • *Licht für Körper und Seele* (Allegria)

Finde Deine Lebenskraft • *...und plötzlich war alles anders* • *Gesundheit für Körper und Seele A–Z* • *Meditation für Körper und Seele* • *Gesundheit für Körper und Seele* • *Liebe statt Angst* • *Alles wird gut!* • *Das Beste, was mir je passiert ist* • *Wahre Kraft kommt von innen* • *Aufbruch ins Licht* • *Balance für Körper und Seele* • *Gute Gedanken für jeden Tag* • *Die Kraft einer Frau* • *Du bist dein Heiler!* • *Das Leben lieben* • *Du selbst bist die Antwort* • *Die innere Ruhe finden* • *Das große Buch der heilende Gedanken* • *Das große Buch der wahren Kraft*

Banlance für Körper und Seele (CD) • *Gedanken der Kraft* (CD) • *Liebe statt Angst* (CD) *Du bist dein Heiler!* (CD) • *Heilende Gedanken für Körper und Seele* (CD) • *Verzeihen ist Leben* (CD)

Ihr Weg zum erfüllten Leben (DVD) • *You Can Heal Your Life – Der Film* (DVD) • *Grenzen überwinden* (DVD)

Du bist dein Heiler! (Kartendeck) • *Körper und Seele* (Kartendeck) • *Glück und Weisheit* (Kartendeck) • *Jeden Tag gut drauf* (Kartendeck) • *Du kannst es!* (Kartendeck)

Louise L. Hay

Finde Deine Lebenskraft

Wie Affirmationen unser Leben verändern

Aus dem Amerikanischen
von Thomas Görden

Ullstein

Besuchen Sie uns im Internet:
www.ullstein-taschenbuch.de

Allegria im Ullstein Taschenbuch
Herausgegeben von Michael Görden

Ullstein Taschenbuch ist ein Verlag der Ullstein Buchverlage GmbH, Berlin.
Erstausgabe im Ullstein Taschenbuch
1. Auflage November 2011
2. Auflage 2011
© der deutschsprachigen Ausgabe 2010 by Ullstein Buchverlage GmbH, Berlin
© 2010 by Louise L. Hay
Umschlaggestaltung: FranklDesign, München
Titelabbildung: Joan Perrin Flaquet
Gesetzt aus der Baskerville
Satz: Keller & Keller Gbr
Papier: Pamo Super von Arctic Paper Mochenwangen GmbH
Druck und Bindearbeiten: GGP Media GmbH, Pößneck
Printed in Germany
ISBN: 978-3-548-74538-1

INHALT

1. Kapitel: Einführung 9
2. Kapitel: Was sind Affirmationen? 13
3. Kapitel: Affirmationen für gute Gesundheit 25
4. Kapitel: Affirmationen gegen Ängste 39
5. Kapitel: Affirmationen gegen Kritik 57
6. Kapitel: Affirmationen gegen die Sucht 79
7. Kapitel: Affirmationen für Vergebung 93
8. Kapitel: Affirmationen für den Beruf 109
9. Kapitel: Affirmationen für mehr Geld und Wohlstand 125
10. Kapitel: Affirmationen für gute Freundschaften 139
11. Kapitel: Affirmationen für Liebe und Nähe 153
12. Kapitel: Affirmationen für das Älterwerden 167

Einige Gedanken zum Schluss 181

Über die Autorin 185

Bibliographie 186

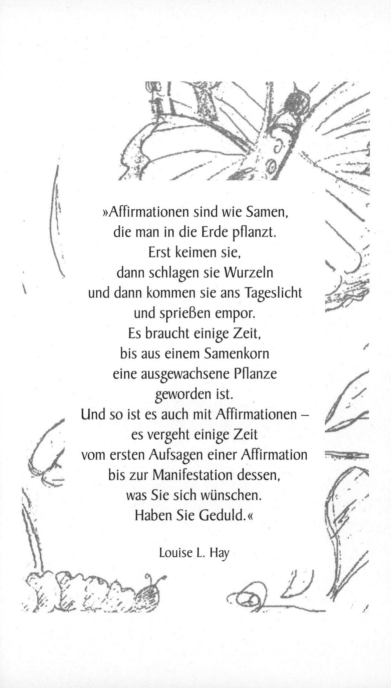

»Affirmationen sind wie Samen,
die man in die Erde pflanzt.
Erst keimen sie,
dann schlagen sie Wurzeln
und dann kommen sie ans Tageslicht
und sprießen empor.
Es braucht einige Zeit,
bis aus einem Samenkorn
eine ausgewachsene Pflanze
geworden ist.
Und so ist es auch mit Affirmationen –
es vergeht einige Zeit
vom ersten Aufsagen einer Affirmation
bis zur Manifestation dessen,
was Sie sich wünschen.
Haben Sie Geduld.«

Louise L. Hay

Einführung

*W*illkommen in der Welt der Affirmationen! Mit der Wahl dieses Buches haben Sie eine bewusste Entscheidung getroffen, Ihr Leben zu heilen und auf dem Weg der positiven Veränderungen voranzuschreiten … und jetzt ist dafür der beste Zeitpunkt! Denn nur im Hier und Jetzt, in der Gegenwart, können Sie die Kontrolle über Ihr Denken übernehmen. Unzählige Menschen haben inzwischen ihr Leben zum Besseren verändert, indem sie die Methoden nutzen, die ich in diesem Buch vorschlage. Schließen auch Sie sich ihnen an.

Die Arbeit mit Affirmationen ist wirklich nicht schwer. Es ist eine große Freude, sich von der Last alter negativer Überzeugungen zu befreien und sie in das Nichts zurückzuschicken, aus dem sie kamen.

Dass Sie etwas Negatives über sich selbst oder das Leben glauben, bedeutet keineswegs, dass an diesem Glauben etwas Wahres ist. Als Kinder hören wir negative Botschaften über uns selbst und das Leben und akzeptieren diese Ideen als wahr. Es ist an der Zeit, dass wir unsere alten Glaubensüberzeugungen bewusst untersuchen und entscheiden, welche wir beibehalten wollen, weil sie hilfreich sind und unser Leben reich und erfüllt machen, und von welchen wir uns besser trennen sollten.

Ich stelle mir gerne vor, dass ich mich von alten Glaubenssätzen löse, indem ich sie in einen Fluss werfe.

Dann schwimmen sie davon, lösen sich auf, verschwinden und kehren niemals zurück.

Kommen Sie in meinen Garten des Lebens und pflanzen Sie neue Gedanken und Ideen, die schön und segensreich sind. Das Leben liebt Sie und will nur das Beste für Sie. Das Leben will, dass Sie inneren Frieden, Freude, Zuversicht, Selbstliebe und ein gutes Selbstwertgefühl erfahren. Sie verdienen es, sich jederzeit mit allen Menschen in Ihrer Nähe wohlzufühlen und in Wohlstand zu leben. Lassen Sie mich Ihnen dabei helfen, diese Ideen in Ihren neuen Garten zu pflanzen. Wir werden sie gemeinsam düngen und gießen und uns daran erfreuen, wie sie zu wunderschönen Blüten und Früchten heranreifen, die für Sie Ihr ganzes Leben lang eine Quelle der Freude und des Glücks sein werden.

* * *   * * *   * * *   * * *   * * *   * * *   * * *   * * *

Was sind Affirmationen?

Jenen Leserinnen und Lesern, die mit Affirmationen nicht vertraut sind und noch nie mit ihnen gearbeitet haben, möchte ich gerne kurz erklären, was sie sind und wie sie funktionieren. Sehr einfach ausgedrückt, ist alles, was Sie sagen oder denken, eine Affirmation. Vieles von dem, was wir normalerweise sagen und denken, ist ziemlich negativ und bringt keine guten Erfahrungen hervor. Deshalb müssen wir uns darauf trainieren, in positiven Mustern zu denken und zu reden, wenn wir unser Leben heilen wollen.

Eine Affirmation öffnet die Tür. Sie ist ein Startpunkt auf dem Pfad des positiven Wandels. Im Wesentlichen sagen Sie zu Ihrem Unterbewusstsein: *»Ich übernehme Verantwortung. Ich bin mir bewusst, dass ich selbst etwas tun kann, um mich zu ändern.«*

Wenn ich sage, dass wir Affirmationen *anwenden* oder mit ihnen *arbeiten*, meine ich damit, dass wir bewusst bestimmte Worte wählen, die wir dann immer wieder in Gedanken oder laut wiederholen. Die von uns gewählten Affirmationen dienen dazu, entweder etwas aus unserem Leben zu *eliminieren* oder etwas Neues zu *erschaffen*.

Jeder Gedanke, den Sie denken, und jedes Wort, das Sie aussprechen, ist eine Affirmation. Unsere Selbstgespräche, unser innerer Dialog, alles das ist ein Strom von Affirmationen. In jedem Augenblick Ihres Lebens benutzen Sie Affirmationen, ob Sie sich dessen bewusst sind oder nicht. Mit jedem Wort, jedem Gedanken erschaffen Sie sich Ihre persönliche Lebenserfahrung.

Ihre Überzeugungen oder sogenannten Glaubenssätze, also all das, was Sie über sich selbst und das Leben glauben, sind nichts weiter als gewohnheitsmäßige Denkmuster, die Sie in der Kindheit erlernt haben. Viele davon funktionieren sehr gut. Doch andere Glaubenssätze behindern vielleicht Ihre Fähigkeit, sich das Leben zu erschaffen, von dem Sie sagen, dass Sie es sich wünschen. Zwischen dem, was Sie sich wünschen, und dem, von dem Sie glauben, dass es Ihnen im Leben zusteht, kann ein großer Unterschied bestehen. Deshalb müssen Sie bewusst

Ihre Gedanken beobachten. Das versetzt Sie in die Lage, solche Gedanken zu eliminieren, die Erfahrungen hervorbringen, die Sie sich *nicht* wünschen.

Machen Sie sich bitte klar, dass Sie immer dann, wenn Sie sich über etwas beklagen, damit etwas affirmieren (also eine Affirmation aussprechen), was Sie sich *nicht* wünschen. Jedes Mal, wenn Sie ärgerlich werden, affirmieren Sie damit, dass Sie sich in Ihrem Leben mehr Ärger wünschen. Jedes Mal, wenn Sie sich als Opfer fühlen, affirmieren Sie, dass Sie sich *auch weiterhin* als Opfer fühlen wollen. Wenn Sie glauben, dass das Leben Ihnen nicht gibt, was Ihnen zusteht, dann zementieren Sie damit, dass Sie nie bekommen, was das Leben anderen Leuten Gutes schenkt – jedenfalls werden Sie die guten Dinge des Lebens nicht bekommen, solange Sie Ihre Denk- und Redegewohnheiten nicht ändern.

Dass Sie so denken, wie Sie denken, bedeutet nicht, dass Sie ein schlechter Mensch sind. Sie haben nur nie gelernt, wie man positiv denkt und spricht. Überall auf der Welt lernen die Menschen heute, dass wir durch unser Denken unsere Erfahrungen erschaffen. Ihre Eltern wussten das vermutlich nicht und daher konnten sie es Ihnen auch nicht beibringen. Sie brachten Ihnen bei, das

Leben so zu sehen, wie sie selbst es von *ihren* Eltern gelernt hatten. Es geht also nicht um Schuldzuweisungen. Doch es ist für uns alle an der Zeit, aufzuwachen und unser Leben bewusst zu erschaffen, und zwar auf befriedigende, erfüllende Weise. Sie können das, ich kann es, wir alle können es. Man muss nur lernen, wie. Also – auf geht's!

In diesem Buch werde ich auf verschiedene Themen und Sorgen eingehen (Gesundheit, Ängste, kritisches Denken, Suchtprobleme, Vergebung, Beruf, Geld und Wohlstand, Freunde, Liebe und Nähe, das Älterwerden). Und ich werde Ihnen Übungen vorstellen, die Ihnen dabei helfen, in diesen Lebensbereichen positive Veränderungen vorzunehmen.

Manche Leute sagen: »Affirmationen funktionieren nicht« (was ebenfalls eine Affirmation ist). Doch eigentlich meinen sie, dass sie gar nicht wissen, wie man Affirmationen richtig einsetzt. Vielleicht sagen sie: »Mein Wohlstand wächst«, aber dann denken sie: »Oh, was für ein Unsinn! Ich weiß, dass so etwas nicht funktionieren kann!« Was glauben Sie, welche Affirmation wird sich dabei durchsetzen? Die negative, denn sie ist Teil einer alten, gewohnheitsmäßigen Lebenssicht. Manche Leute sprechen einmal täglich eine Affirmation und jammern und klagen dann den ganzen Tag. Wenn man es so macht, dauert es lange, bis Affirmationen wirken. Die negativen, klagenden Affirmationen bleiben dann stets siegreich, denn es gibt viel mehr von ihnen, und sie sind meistens mit starken Emotionen aufgeladen.

Affirmationen laut aufzusagen ist jedoch nur *ein* Teil der Methode. Noch wichtiger ist, was Sie während des übrigen Tages und der Nacht tun. Damit Ihre Affirmationen rasch und dauerhaft wirken, müssen Sie die Atmosphäre schaffen, in der sie wachsen können. Affirmationen sind wie Samen, die man in die Erde setzt: schlechter Boden, schlechtes Wachstum; fruchtbarer Boden, üppiges Wachstum. Je öfter Sie Gedanken wählen, bei denen Sie sich gut fühlen, desto schneller wirken die Affirmationen.

Denken Sie also glückliche Gedanken, so einfach ist das. Und es ist *machbar*. Die Gedanken, die Sie jetzt im Moment wählen, sind genau das – Ihre eigene Wahl. Vielleicht ist Ihnen das nicht klar, weil Sie schon sehr lange auf diese Weise denken, aber Sie haben diese Gedanken wirklich selbst gewählt.

Jetzt ... heute ... in diesem Augenblick können Sie andere Gedanken wählen. Dadurch wird sich Ihr Leben nicht über Nacht verändern, aber wenn Sie beharrlich bleiben und sich täglich bewusst für Gedanken entscheiden, die bewirken, dass Sie sich gut fühlen, werden sich bei Ihnen schon bald in allen Lebensbereichen positive Veränderungen einstellen.

WIE MAN AFFIRMATIONEN FORMULIERT

* Mit Affirmationen zu arbeiten bedeutet, bewusst bestimmte Gedanken zu denken, die in der Zukunft positive Resultate hervorbringen. Sie sind ein Fokus, der Ihnen hilft, Ihr Denken zu verändern. Affirmative Aussagen *gehen über die bestehende Realität hinaus und erschaffen durch Worte, die Sie jetzt gebrauchen, die Zukunft.*

* Wenn Sie sich dafür entscheiden, zu sagen: *»Ich bin sehr wohlhabend«*, kann es sein, dass Sie momentan noch ziemlich wenig Geld auf der Bank haben. Aber mit dieser Affirmation säen Sie Samen zukünftigen Wohlstandes. Jedes Mal, wenn Sie diese Aussage wiederholen, stärken und nähren Sie damit die Samen, die Sie in der Atmosphäre Ihres Geistes ausgesät haben. Deshalb ist es so ratsam, für eine *glückliche* innere Atmosphäre zu sorgen. In reichem, fruchtbarem Boden geht die Saat viel schneller auf!

* Wichtig ist, dass Sie Ihre Affirmationen in der *Gegenwartsform* formulieren. Affirmationen sollen immer mit »Ich habe ...« oder »Ich bin ...« beginnen. Wenn Sie die Zukunftsform verwenden: »Ich werde ... haben« oder »Ich werde ... sein«, dann bleiben Ihre Gedanken draußen in der Zukunft. Das Universum nimmt Sie beim Wort und gibt Ihnen genau das, von dem Sie sagen, dass Sie es wollen. *Immer.*

Das ist ein weiterer guter Grund, für eine glückliche mentale Atmosphäre zu sorgen. Wenn Sie sich gut fühlen, fällt es Ihnen viel leichter, in positiven Affirmationen zu denken.

* Jeder Gedanke, den Sie denken, zählt. Vergeuden Sie also Ihre kostbaren Gedanken nicht. Jeder positive Gedanke bringt Gutes in Ihr Leben. Jeder negative Gedanke stößt das Gute von Ihnen weg, sodass es außerhalb Ihrer Reichweite bleibt. Wie oft ist es Ihnen schon passiert, dass etwas Gutes zum Greifen nah war und Ihnen im letzten Moment buchstäblich vor der Nase weggeschnappt wurde? Wenn Sie sich einmal an Ihre mentale innere Atmosphäre in solchen Zeiten erinnern, finden Sie schnell die Ursache für solche

Enttäuschungen. Wenn wir zu viele negative Gedanken denken, schaffen wir damit eine Barriere gegen positive Affirmationen.

* Wenn Sie sagen: »Ich will nicht länger krank sein«, ist das keine Affirmation für gute Gesundheit. Sie müssen klar sagen, was Sie wirklich *wollen*: »*Hier und jetzt akzeptiere ich perfekte Gesundheit.*«

»Ich hasse dieses Auto« wird Ihnen nicht zu einem schönen neuen Wagen verhelfen. Und selbst wenn Sie doch ein neues Auto bekommen sollten, werden Sie es nach kurzer Zeit vermutlich genauso hassen wie das alte. Denn genau das ist es, was Sie affirmiert haben. Wenn Sie sich ein neues Auto wünschen, sollten Sie Ihre Affirmation deshalb etwa wie folgt formulieren: »*Ich habe ein schönes neues Auto, das perfekt meinen Bedürfnissen entspricht.*«

* Manche Leute sagen Dinge wie: »Das Leben ist einfach furchtbar!« (Was für eine Affirmation.) Können Sie sich vorstellen, welche Art von Erfahrungen sie mit einer solchen Aussage in ihr Leben ziehen? Dabei ist natürlich nicht das Leben an sich furchtbar,

sondern nur ihr eigenes *Denken*. Derartige Gedanken bewirken, dass wir uns schrecklich fühlen. Daraus kann nichts Gutes entstehen.

* Vergeuden Sie Ihre Zeit nicht damit, sich über die Einschränkungen in Ihrem Leben zu beklagen. Je mehr Sie über das Problem reden, desto fester verankern Sie es in Ihrer Erfahrung. Geben Sie anderen nicht die Schuld an dem, was in Ihrem Leben nicht zu funktionieren scheint – auch das ist Zeitverschwendung. Denken Sie daran, dass Sie immer unter dem Gesetz Ihres eigenen Bewusstseins, Ihres eigenen Denkens stehen. Und die Erfahrungen, die Sie im Leben machen, sind das Resultat dieses Denkens.

* * *

Wenden wir uns nun
einigen speziellen Themengebieten zu.

Was sind Affirmationen? 23

EIN WICHTIGER HINWEIS

Für alle Übungen in den folgenden Kapiteln benötigen Sie Schreibpapier. Daher empfehle ich, dass Sie einen Notizblock oder ein leeres Notizbuch bereitlegen, wenn Sie dieses Übungsbuch durcharbeiten.

Affirmationen für gute Gesundheit

»Ich heile jetzt meinen Körper
und erhalte ihn optimal gesund.«

GESUNDHEITS-CHECKLISTE

Welche der folgenden Aussagen treffen auf Sie zu?
Am Ende dieses Kapitels werden Sie in der Lage
sein, jedem dieser negativen Gedanken einen positiven entgegenzusetzen.

☐ Ich bekomme dreimal pro Jahr eine Erkältung.

☐ Ich habe wenig Energie, fühle mich müde und schlapp.

☐ Heilungsprozesse dauern bei mir sehr lange.

☐ Ich habe andauernd mit Allergien zu kämpfen.

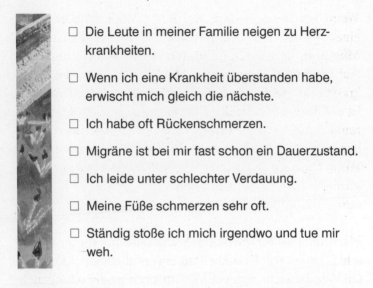

- ☐ Die Leute in meiner Familie neigen zu Herzkrankheiten.
- ☐ Wenn ich eine Krankheit überstanden habe, erwischt mich gleich die nächste.
- ☐ Ich habe oft Rückenschmerzen.
- ☐ Migräne ist bei mir fast schon ein Dauerzustand.
- ☐ Ich leide unter schlechter Verdauung.
- ☐ Meine Füße schmerzen sehr oft.
- ☐ Ständig stoße ich mich irgendwo und tue mir weh.

Eines sollten Sie klar verstehen: Ihr Körper ist *immer* bestrebt, einen Zustand optimaler Gesundheit aufrechtzuerhalten, wie schlecht Sie ihn auch behandeln. Wenn Sie gut für Ihren Körper sorgen, dankt er es Ihnen mit blühender Gesundheit und sprudelnder Vitalität.

Ich glaube, dass wir zu der Entstehung jeder »Krankheit« in unserem Körper aktiv beitragen. Unser Körper ist, wie alles andere im Leben, ein Spiegel unserer Gedanken und Glaubenssätze. Unser Körper spricht ständig zu uns. Wir müssen uns nur die Zeit nehmen, ihm zuzuhören. Jede Zelle in unserem Körper reagiert auf jeden Gedanken, den wir denken.

Wenn wir herausfinden, welches geistige Muster hinter einer Krankheit steckt, gibt uns das die Möglichkeit, das Muster zu ändern und dadurch die Krankheit zu heilen. Auf bewusster Ebene wollen die meisten Menschen nicht krank sein, doch jede Krankheit ist ein Lehrer. Krankheit ist der Weg, auf dem der Körper uns sagt, dass es in unserem Bewusstsein eine falsche Idee gibt. Etwas, was wir glauben, sagen, tun oder denken, dient nicht unserem höchsten Wohl. Ich stelle mir immer vor, dass der Körper uns gewissermaßen am Ärmel zieht und sagt: »Bitte – sei aufmerksam!«

Manchmal *wollen* Menschen krank sein. In unserer Gesellschaft haben wir Krankheit zu einem allgemein akzeptierten Weg gemacht, sich vor Verantwortung oder unangenehmen Situationen zu drücken. Wenn wir nicht lernen, Nein zu sagen, müssen wir vielleicht eine Krankheit erfinden, die dann für uns Nein sagt.

Vor ein paar Jahren las ich einen interessanten Zeitungsartikel. Darin hieß es, dass nur 30 Prozent der Patienten die Anordnungen ihres Arztes befolgen. Laut Dr. John Harrison, Autor des faszinierenden Buches *Liebe deine Krankheit – sie hält dich gesund*, gehen viele Menschen zum Arzt, nur um sich eine Linderung ihrer akuten Symptome zu

verschaffen – damit sie ihre Krankheit *ertragen* können. Es ist, als existiere eine ungeschriebene, unbewusste Übereinkunft zwischen Arzt und Patient: Der Arzt stimmt zu, den Patienten nicht gesund zu machen, wenn der Patient vorgibt, etwas gegen seine Erkrankung zu unternehmen. Diese Übereinkunft beinhaltet außerdem, dass der eine der beiden bezahlt und der andere dafür die Rolle der Autoritätsperson übernimmt ... und so sind beide Seiten zufrieden.

Wahre Heilung umfasst immer Körper, Geist und Seele. Ich glaube, wenn wir eine Krankheit »behandeln«, aber die mit ihr zusammenhängenden emotionalen und spirituellen Probleme nicht angehen, wird sie sich schon bald erneut manifestieren.

ÜBUNG

SICH VON GESUNDHEITSPROBLEMEN BEFREIEN

Sind Sie bereit, sich von dem Bedürfnis zu lösen, das zu Ihrem Gesundheitsproblem beiträgt? Wenn wir wollen, dass sich ein Zustand verändert, müssen wir diesen Wunsch zunächst einmal in Worte fassen.

* Sagen Sie: *»Ich bin bereit, mich von dem inneren Bedürfnis zu lösen, das diesen Zustand hervorgerufen hat.«*

  Sagen Sie es erneut. Sagen Sie es und schauen Sie dabei in den Spiegel. Sagen Sie es jedes Mal, wenn Sie über Ihren Gesundheitszustand nachdenken. Das ist der erste Schritt, um eine Veränderung herbeizuführen.

* Tun Sie nun Folgendes:

  1. Listen Sie alle Krankheiten Ihrer Mutter auf.
  2. Listen Sie alle Krankheiten Ihres Vaters auf.
  3. Listen Sie alle *Ihre* Krankheiten auf.
  4. Erkennen Sie einen Zusammenhang?

ÜBUNG

GESUNDHEIT UND KRANKHEIT

Untersuchen wir nun Ihre Glaubenssätze bezüglich Gesundheit und Krankheit.

* Beantworten Sie, möglichst offen und aufrichtig, die folgenden Fragen:

1. Woran erinnern Sie sich bezüglich Krankheiten während Ihrer Kindheit?

2. Was haben Sie zum Thema Krankheit von Ihren Eltern gelernt?

3. Was hat Ihnen, wenn überhaupt, als Kind daran gefallen, krank zu sein?

4. Gibt es aus der Kindheit stammende Glaubenssätze zum Thema Krankheit, die Sie heute noch als gültig betrachten?

5. Wie haben Sie selbst zu Ihrem gegenwärtigen Gesundheitszustand beigetragen?

6. Möchten Sie, dass sich Ihr Gesundheitszustand verändert? Wenn ja, was soll sich ändern?

ÜBUNG

IHRE GLAUBENSSÄTZE
ZUM THEMA KRANKHEIT

* Vervollständigen Sie die folgenden Aussagen, und zwar so aufrichtig, wie es Ihnen möglich ist.

  1. Ich mache mich selbst krank, indem ich …

  2. Ich werde krank, wenn ich vermeiden will …

  3. Wenn ich krank werde, möchte ich immer …

  4. Wenn ich als Kind krank wurde, hat meine Mutter immer …

  5. Wenn ich krank bin, ist meine größte Angst, dass …

ÜBUNG

DIE MACHT
DER AFFIRMATIONEN

Entdecken wir jetzt gemeinsam, wie wirkungsvoll es ist, Affirmationen aufzuschreiben! Wenn wir Affirmationen schreiben, kann das ihre Wirksamkeit erheblich verstärken.

* Schreiben Sie eine positive Affirmation zum Thema Gesundheit fünfundzwanzig Mal. Formulieren Sie eine eigene Affirmation oder verwenden Sie eine der nachfolgenden:

Meine Heilung ist bereits im Gange.

Liebevoll höre ich auf die Botschaften meines Körpers.

Meine Gesundheit ist jetzt blühend, vital und dynamisch.

Ich bin dankbar für meine vollkommene Gesundheit.

Ich verdiene es, gesund zu sein.

ÜBUNG

GUTES SELBSTWERTGEFÜHL

Schauen wir uns nun an, wie es im Bereich Gesundheit um Ihr Selbstwertgefühl bestellt ist.

* Beantworten Sie die folgenden Fragen. Wenn eine Antwort negativ ausfällt, formulieren Sie eine positive Affirmation, um diese unwirksam zu machen.

  1. Verdiene ich es, gesund zu sein?

     BEISPIEL-ANTWORT:

     Nein. In meiner Familie sind wir oft krank.

     BEISPIEL-AFFIRMATION:

     Hier und jetzt akzeptiere und verdiene ich vollkommene Gesundheit.

  2. Was ist bezüglich meiner Gesundheit meine größte Angst?

     BEISPIEL-ANTWORT:

     Ich habe Angst, dass ich krank werde und daran sterbe.

BEISPIEL-AFFIRMATION:

Ich kann gefahrlos gesund sein und mich wohlfühlen. Ich werde immer geliebt.

3. Welchen »Nutzen« bringt mir meine Krankheit?

BEISPIEL-ANTWORT:

Ich muss keine Verantwortung übernehmen oder arbeiten gehen.

BEISPIEL-AFFIRMATION:

Ich fühle mich sicher und voller Zuversicht. Das Leben ist leicht.

4. Was könnte geschehen, wenn ich diesen Glaubenssatz aufgebe?

BEISPIEL-ANTWORT:

Ich muss erwachsen werden.

BEISPIEL-AFFIRMATION:

Es ist gefahrlos und sicher für mich, erwachsen zu sein.

* * *

*N*achfolgend werden die Aussagen vom Beginn dieses Kapitels wiederholt, zusammen mit einer Affirmation, die zu dem jeweiligen Glaubenssatz passt.

✴ Machen Sie diese Affirmationen zum festen Bestandteil Ihres Tagesablaufs. Wiederholen Sie sie möglichst oft laut oder in Gedanken: im Auto, bei der Arbeit, während Sie in den Spiegel schauen oder jedes Mal, wenn ein negativer Glaubenssatz zum Vorschein kommt.

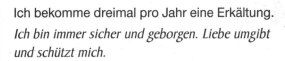

Ich bekomme dreimal pro Jahr eine Erkältung.
Ich bin immer sicher und geborgen. Liebe umgibt und schützt mich.

Ich habe wenig Energie, fühle mich müde und schlapp.
Ich bin von Energie und Begeisterung erfüllt.

Heilungsprozesse dauern bei mir sehr lange.
Mein Körper heilt schnell und gut.

Ich habe andauernd mit Allergien zu kämpfen.
Meine Welt ist sicher. Ich bin sicher und geborgen. Ich bin im Frieden mit allem, was ist.

Die Leute in meiner Familie neigen zu
Herzkrankheiten.
*Ich bin nicht meine Eltern. Ich bin gesund und
heil und von Freude erfüllt.*

Wenn ich eine Krankheit überstanden habe,
erwischt mich gleich die nächste.
*Gute Gesundheit ist jetzt mein. Ich löse mich
liebevoll von der Vergangenheit.*

Ich habe oft Rückenschmerzen.
*Das Leben liebt und unterstützt mich. Ich bin in
Sicherheit.*

Migräne ist bei mir fast schon ein Dauerzustand.
*Ich kritisiere mich nicht länger. Ich praktiziere
geistigen Frieden, und alles ist gut.*

Ich leide unter schlechter Verdauung.
Ich lasse das Leben frei durch mich fließen.

Meine Füße schmerzen sehr oft.
Ich schreite mit Leichtigkeit voran.

Ständig stoße ich mich irgendwo und tue mir weh.
Ich gehe sanft mit meinem Körper um. Ich liebe mich.

»ICH GEBE MIR SELBST DIE ERLAUBNIS, GESUND ZU SEIN.«

GESUNDHEITS-
BEHANDLUNG

Ich bin eins mit dem Leben, und die Ganzheit des Lebens liebt und unterstützt mich. Daher beanspruche ich für mich vollkommene, blühende Gesundheit, und zwar jederzeit. Mein Körper weiß, wie er sich gesund erhalten kann, und ich arbeite mit ihm zusammen, indem ich ihn mit gesunder Nahrung und gesunden Getränken versorge und ihm gesunde Bewegung verschaffe, die mir Freude macht. Mein Körper liebt mich, und ich liebe und achte meinen kostbaren Körper. Ich bin nicht meine Eltern und entscheide mich nicht dafür, ihre Krankheiten erneut zu erschaffen. Ich bin mein eigenes, einzigartiges Selbst und ich bewege mich gesund, glücklich und heil durchs Leben. Das ist die Wahrheit meines Seins, und ich akzeptiere sie jetzt. Alles ist gut in meinem Körper.

Affirmationen gegen Ängste

»Angst ist nur ein Gedanke,
und Gedanken lassen sich ändern.«

ANGST-CHECKLISTE

Welche der folgenden Aussagen treffen auf Sie zu? Am Ende dieses Kapitels werden Sie in der Lage sein, jedem dieser negativen Gedanken einen positiven entgegenzusetzen.

☐ Ich bin immer ängstlich.

☐ Ich fühle mich ständig überfordert.

☐ Ich fürchte mich vor dem Älterwerden.

☐ Ich leide unter Flugangst.

☐ Ich habe Angst vor anderen Menschen.

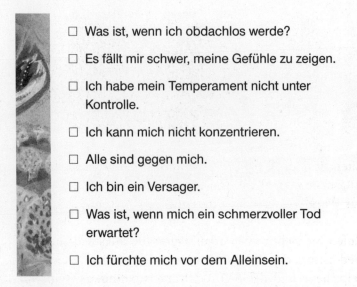

- Was ist, wenn ich obdachlos werde?
- Es fällt mir schwer, meine Gefühle zu zeigen.
- Ich habe mein Temperament nicht unter Kontrolle.
- Ich kann mich nicht konzentrieren.
- Alle sind gegen mich.
- Ich bin ein Versager.
- Was ist, wenn mich ein schmerzvoller Tod erwartet?
- Ich fürchte mich vor dem Alleinsein.

Ich glaube, dass wir in jeder Lebenssituation immer die Wahl haben zwischen Liebe und Angst. Wir haben Angst vor Veränderungen und Angst davor, dass sich nichts ändert. Wir haben Angst vor der Zukunft und davor, etwas Neues zu wagen. Wir fürchten uns vor Nähe und wir fürchten uns vor dem Alleinsein. Wir fürchten uns davor, anderen offen zu zeigen, wer wir sind und welche Bedürfnisse wir haben, und wir fürchten uns davor, uns von der Vergangenheit zu lösen.

Am anderen Ende des Spektrums ist unsere Liebe. Liebe ist das Wunder, nach dem wir alle suchen. Selbstliebe bewirkt in unserem Leben wahre Wunder. Damit meine ich nicht

Eitelkeit oder Arroganz, denn das ist keine Liebe. Das ist Angst. Ich meine große Selbstachtung und Dankbarkeit für das Wunder unseres Körpers und Bewusstseins.

Rufen Sie sich immer dann, wenn Sie ängstlich sind, ins Gedächtnis, dass Sie sich momentan nicht im Zustand der Selbstliebe und des Selbstvertrauens befinden. Wenn wir uns »nicht gut genug« fühlen, fällt es uns schwer, gute Entscheidungen zu treffen. Welche Entscheidungsgrundlage haben Sie denn, wenn Sie sich Ihrer selbst nicht sicher sind?

In ihrem großartigen Buch *Selbstvertrauen gewinnen: Die Angst vor der Angst verlieren* schreibt Susan Jeffers: »Obwohl fast alle Menschen Angst empfinden, wenn sie im Leben etwas völlig Neues wagen, gibt es dort draußen immer wieder eine Menge Leute, die es trotzdem wagen. Daraus müssen wir schließen, dass *Angst nicht das Problem ist*.«

Weiter schreibt sie, dass nicht die Angst an sich problematisch ist, sondern die Art und Weise, wie wir an ihr *festhalten*. Wir können aus einer Position der Stärke oder einer Position der Hilflosigkeit mit der Angst umgehen. Die Angst an sich wird damit irrelevant.

Wir sehen, was wir für das Problem halten, und dann finden wir heraus, worin das *wahre* Problem besteht. Die wahren Probleme sind, dass wir uns »nicht gut genug« fühlen und dass es uns an Selbstliebe fehlt.

Emotionale Probleme sind für uns am schmerzhaftesten. Gelegentlich fühlen wir uns alle einmal wütend, traurig, einsam, schuldig, nervös oder ängstlich. Wenn wir uns allerdings von diesen Gefühlen beherrschen lassen, kann unser Leben zu einem emotionalen Schlachtfeld werden.

Wie wir mit unseren Gefühlen *umgehen*, darauf kommt es an. Agieren wir negative Gefühle aus? Bestrafen wir andere oder zwingen ihnen unseren Willen auf? Verhalten wir uns missbräuchlich oder destruktiv uns selbst gegenüber?

Solchen Problemen liegt oft der Glaube zugrunde, wir wären *nicht gut genug*. Eine gute geistige Gesundheit beginnt mit der *Selbstliebe*. Erst wenn wir uns selbst wirklich lieben und wertschätzen – unsere guten und die sogenannten schlechten Eigenschaften –, wird Veränderung möglich.

Zur Selbstakzeptanz gehört es, dass wir uns freimachen von den Urteilen anderer Menschen. Vieles, was wir von uns selbst glauben, entbehrt jeder wahren Grundlage.

Ich hatte zum Beispiel vor einigen Jahren einen Klienten namens Eric. Er war ausgesprochen attraktiv und verdiente seinen Lebensunterhalt als Fotomodell. Er erzählte mir, wie schwer es ihm fiel, ins Fitnessstudio zu gehen, weil er sich so hässlich fühlte.

Während ich mit ihm arbeitete, erinnerte er sich, dass ihn in der Kindheit ein Nachbarsjunge als hässlich beschimpft hatte. Dieser Junge verprügelte ihn außerdem regelmäßig

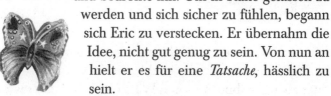

und bedrohte ihn. Um in Ruhe gelassen zu werden und sich sicher zu fühlen, begann sich Eric zu verstecken. Er übernahm die Idee, nicht gut genug zu sein. Von nun an hielt er es für eine *Tatsache*, hässlich zu sein.

Durch Selbstliebe und mithilfe positiver Affirmationen verbesserte sich Erics Leben ganz enorm. Hin und wieder machen sich die alten Ängste noch bemerkbar, aber nun kennt er wirkungsvolle Heilmethoden, mit denen er arbeiten kann.

Denken Sie daran, dass Minderwertigkeitsgefühle immer mit negativen Gedanken beginnen. Doch diese Gedanken haben keine Macht über uns, solange wir sie ihnen nicht selbst verleihen. Gedanken sind lediglich aneinandergereihte Worte. Sie haben *an sich überhaupt keine Bedeutung.* Nur *wir selbst* verleihen ihnen Bedeutung, indem wir uns immer wieder auf die negativen Botschaften konzentrieren und sie als wahr akzeptieren. Wir glauben das Schlimmste über uns selbst. Doch wir selbst wählen diese Glaubenssätze aus.

Wir sind immer vollkommen und schön und wir wandeln uns unaufhörlich. Wir geben unser Bestes, auf der Grundlage des Wissens, der Einsicht und Bewusstheit, die uns gegenwärtig zugänglich sind. Während wir wachsen und uns mehr und mehr verändern, wird unser »Bestes« nur noch besser und besser werden.

ÜBUNG

LOSLASSEN

* Atmen Sie, während Sie diese Übung lesen, tief durch, und während Sie ausatmen, lassen Sie die Anspannung aus Ihrem Körper weichen.

Entspannen Sie Kopfhaut, Stirn und Gesicht. Ihr Kopf muss nicht angespannt sein, während Sie lesen.

Entspannen Sie Zunge, Hals und Schultern.

Entspannen Sie Rücken, Bauch und Becken.

Atmen Sie ruhig und friedlich, während Sie Beine und Füße entspannen.

Spüren Sie durch das Lesen des vorigen Absatzes eine Veränderung in Ihrem Körper?

* Sagen Sie in diesem entspannten, behaglichen Zustand zu sich:

»Ich bin bereit loszulassen. Ich lasse los. Ich lasse alle Anspannung los. Ich lasse alle Furcht los. Ich lasse alle Wut los. Ich lasse alle Schuldgefühle los. Ich lasse alle Traurigkeit los. Ich löse mich von alten einengenden Denkmustern. Ich lasse los und ich bin friedvoll. Ich bin im Frieden mit mir selbst. Ich bin im Frieden mit dem Lauf des Lebens. Ich bin sicher und geborgen.«

* Wiederholen Sie diese Übung zwei- oder dreimal.

* Wiederholen Sie sie, wenn Sie merken, dass Sie sich auf Probleme konzentrieren.

Bis Ihnen das zur festen Routine wird, braucht es etwas Übung. Wenn Sie mit der Übung vertraut sind, können Sie sie überall und jederzeit praktizieren. Dann können Sie sich in jeder Situation vollständig entspannen.

ÜBUNG

ÄNGSTE UND AFFIRMATIONEN

❊ Notieren Sie zu jeder der
nachfolgenden Kategorien
Ihre größte Angst. Denken Sie sich dann eine dazu
passende positive Affirmation aus.

1. KARRIERE

BEISPIEL-ANGST:

Ich fürchte, dass meine Leistungen niemals
anerkannt werden.

BEISPIEL-AFFIRMATION:

*Alle Vorgesetzten und Kollegen schätzen und
respektieren mich.*

2. LEBENSSITUATION

BEISPIEL-ANGST:

Ich werde nie ein schönes Zuhause haben.

BEISPIEL-AFFIRMATION:

*Es gibt das perfekte Zuhause für mich, und ich
akzeptiere es jetzt.*

3. FAMILIE

BEISPIEL-ANGST:

Meine Eltern werden mich nie so akzeptieren,
wie ich bin.

BEISPIEL-AFFIRMATION:

*Ich akzeptiere meine Eltern, und sie akzeptieren
und lieben mich.*

4. GELD

BEISPIEL-ANGST:

Ich fürchte mich vor Armut.

BEISPIEL-AFFIRMATION:

*Ich vertraue darauf, dass stets bestens für
alle meine Bedürfnisse gesorgt wird.*

5. KÖRPERLICHE ERSCHEINUNG

BEISPIEL-ANGST:

Ich glaube, ich bin dick und unattraktiv.

BEISPIEL-AFFIRMATION:

*Ich löse mich von dem Bedürfnis, meinen Körper
zu kritisieren.*

6. SEX

BEISPIEL-ANGST:

Ich habe Angst, eine »Leistung« erbringen zu müssen.

BEISPIEL-AFFIRMATION:

*Ich bin entspannt und leicht und mühelos fließe ich
mit dem Leben.*

7. GESUNDHEIT

BEISPIEL-ANGST:

Ich habe Angst, krank zu werden und dann
hilflos zu sein.

BEISPIEL-AFFIRMATION:

Ich bekomme stets alle Hilfe, die ich benötige.

8. BEZIEHUNGEN

BEISPIEL-ANGST:

Ich glaube, dass mich niemals jemand wirklich
lieben wird.

BEISPIEL-AFFIRMATION:

Ich lebe Liebe und Akzeptanz. Ich liebe mich.

9. ALTER

BEISPIEL-ANGST:

Ich fürchte mich vor dem Altwerden.

BEISPIEL-AFFIRMATION:

In jedem Alter eröffnen sich mir unendliche Möglichkeiten.

10. TOD UND STERBEN

BEISPIEL-ANGST:

Was ist, wenn es kein Leben nach dem Tod gibt?

BEISPIEL-AFFIRMATION:

Ich vertraue dem Lauf des Lebens. Ich befinde mich auf einer endlosen Reise durch die Ewigkeit.

ÜBUNG

POSITIVE AFFIRMATIONEN

* Wählen Sie eine Angst aus der letzten Übung, die Sie gerade als ganz besonders bedrängend empfinden.

* Visualisieren Sie nun, stellen Sie sich intensiv bildlich vor, dass Sie durch die angstvolle Situation gehen, aber mit positivem Resultat. Sehen Sie sich selbst, wie Sie sich frei fühlen und mit sich und dem Leben im Reinen sind.

* Schreiben Sie jetzt fünfundzwanzig Mal hintereinander eine positive Affirmation. Denken Sie an die gewaltige Macht, die Sie damit anzapfen!

ÜBUNG

SPIEL UND SPASS MIT DEM INNEREN KIND

Wenn Ihr Leben durch Sorge und Angst beeinträchtigt ist, haben Sie möglicherweise Ihr inneres Kind vernachlässigt. Überlegen Sie, wie Sie wieder Kontakt zu ihm aufnehmen können. Gibt es eine Aktivität, die Ihnen richtig Spaß macht? Etwas, was Sie *ganz für sich* tun?

* Schreiben Sie 15 Möglichkeiten auf, wie Sie Spaß mit Ihrem inneren Kind erleben können. Vielleicht möchten Sie ein gutes Buch lesen, ins Kino gehen, gärtnern, Tagebuch führen oder ein heißes Bad nehmen. Wie wäre es mit einigen »kindischen« Aktivitäten? Denken Sie wirklich darüber nach. Sie könnten am Strand entlanglaufen, sich auf eine Schaukel setzen und schaukeln, mit Buntstiften ein Bild malen oder auf einen Baum klettern. Wenn Sie Ihre Liste zusammengestellt haben, sollten Sie jeden Tag wenigstens eine dieser Aktivitäten ausprobieren. Lassen Sie die Heilung beginnen!

Schauen Sie, was Sie alles an fröhlichen Aktivitäten entdecken! Es gibt so viele Freuden, die Sie mit Ihrem inneren Kind erleben können!
Fühlen Sie, wie die Beziehung zwischen Ihnen beiden wieder heil und gesund wird.

*N*achfolgend werden die Aussagen vom Beginn dieses Kapitels wiederholt, zusammen mit einer Affirmation, die zu dem jeweiligen Glaubenssatz passt.

* Machen Sie diese Affirmationen zum festen Bestandteil Ihres Tagesablaufs. Wiederholen Sie sie möglichst oft laut oder in Gedanken: im Auto, bei der Arbeit, während Sie in den Spiegel schauen oder jedes Mal, wenn ein negativer Glaubenssatz zum Vorschein kommt.

Ich bin immer ängstlich.
Ich bin ruhig und friedvoll.

Ich fühle mich ständig überfordert.
Ich treffe stets die richtigen Entscheidungen und bin allen Herausforderungen gewachsen.

Ich fürchte mich vor dem Älterwerden.
Ich habe immer das richtige Alter und ich freue mich an jedem neuen Augenblick.

Ich leide unter Flugangst.
Ich ruhe geborgen in mir selbst und akzeptiere die Vollkommenheit meines Lebens.

Ich habe Angst vor anderen Menschen.
Wohin ich gehe, werde ich geliebt und bin geborgen.

Was ist, wenn ich obdachlos werde?
Ich bin im Universum zu Hause.

Es fällt mir schwer, meine Gefühle zu zeigen.
Ich kann gefahrlos meine Gefühle zeigen.

Ich habe mein Temperament nicht unter Kontrolle.
Ich bin im Frieden mit mir und meinem Leben.

Ich kann mich nicht konzentrieren.
Meine innere Sicht ist klar und ungetrübt.

Alle sind gegen mich.
Ich bin liebenswert, und alle lieben mich.

Ich bin ein Versager.
Mein Leben ist ein Erfolg.

Was ist, wenn mich ein schmerzvoller Tod erwartet?
Ich sterbe friedlich und schmerzfrei genau zur rechten Zeit.

Ich fürchte mich vor dem Alleinsein.
Ich strahle Liebe aus, und wo ich auch bin, ziehe ich Liebe an.

»ICH GEBE MIR DIE ERLAUBNIS, IN FRIEDEN ZU LEBEN.«

BEHANDLUNG
FÜR GUTE GEFÜHLE

Ich bin eins mit dem Leben, und das Leben liebt und unterstützt mich. Daher beanspruche ich für mich jederzeit emotionales Wohlbefinden. Ich bin mein eigener bester Freund und ich genieße mein Leben mit mir selbst. Erfahrungen kommen und gehen, Menschen kommen und gehen, aber ich bin immer für mich da. Ich bin nicht meine Eltern oder deren Muster für emotionales Unglücklichsein. Ich wähle ausschließlich friedliche, freudige und inspirierende Gedanken. Ich bin mein eigenes, einzigartiges Selbst und ich bewege mich gesund, glücklich und heil durchs Leben. Das ist die Wahrheit meines Seins, und ich akzeptiere sie jetzt. Alles ist gut in meinem Herzen und meinem Geist.

Affirmationen gegen Kritik

»Ich akzeptiere alle meine Emotionen,
aber entscheide mich dafür,
mich nicht von ihnen beherrschen zu lassen.«

KRITIK-CHECKLISTE

Welche der folgenden Aussagen treffen auf Sie zu? Am Ende dieses Kapitels werden Sie in der Lage sein, jedem dieser negativen Gedanken einen positiven entgegenzusetzen.

☐ Die Leute sind so dumm!

☐ Ich würde das gerne machen, wenn ich nur nicht so fett wäre.

☐ Wie kann sich jemand nur so hässlich anziehen?

58 Finde Deine Lebenskraft

☐ Wenn die so weitermachen, werden sie diesen Job nie erledigen.

☐ Ich bin so schrecklich dumm!

☐ Wenn ich wütend werde, verliere ich die Beherrschung.

☐ Ich habe kein Recht, wütend zu sein.

☐ Wut ist schlecht.

☐ Wenn jemand wütend ist, bekomme ich Angst.

☐ Es ist gefährlich, Wut zu zeigen.

☐ Niemand würde mich lieben, wenn ich meinen Ärger zeige.

☐ Es macht mich krank, meine Wut hinunterzuschlucken.

☐ Ich war noch nie wütend.

☐ Meine Nachbarn machen immer solchen Lärm.

☐ Niemand fragt mich nach meiner Meinung.

✴ Klingt Ihr innerer Dialog ungefähr so?

✴ Ist Ihre innere Stimme ständig damit beschäftigt, an Ihnen und Ihrer Umwelt herumzupicken?

* Sehen Sie die Welt mit kritischen Augen?
* Beurteilen Sie alles?
* Sind Sie selbstgerecht?

Die meisten von uns neigen sehr dazu, zu beurteilen und zu kritisieren. Diese Gewohnheit abzulegen ist nicht leicht. Aber es ist das Wichtigste, was Sie tun können, und zwar gleich hier und jetzt! Wir werden niemals in der Lage sein, uns selbst zu lieben, solange wir im Leben ständig Ausschau nach Falschem und Kritikwürdigem halten.

Als kleines Baby waren Sie offen für das Leben. Sie betrachteten die Welt mit staunendem Blick. Solange Sie keine Angst hatten oder Ihnen niemand Schaden zufügte, akzeptierten Sie das Leben einfach so, wie es war. Später, als Sie heranwuchsen, übernahmen Sie die Ansichten anderer Menschen. Sie lernten, sich selbst und andere zu kritisieren.

ÜBUNG

KRITISCHES DENKEN ÜBERWINDEN

Schauen wir uns nun Ihre Glaubenssätze zum Thema kritisches Denken an.

* Beantworten Sie die folgenden Fragen. Seien Sie dabei so offen und aufrichtig wie möglich.

  1. Welche Muster hat es diesbezüglich in Ihrer Familie gegeben?

  2. Was haben Sie in Sachen Kritik von Ihrer Mutter gelernt?

  3. Was wurde von ihr kritisiert?

  4. Wurden Sie von ihr kritisiert? Wenn ja, weswegen?

  5. In welchen Situationen übte Ihr Vater Kritik?

  6. War er selbstkritisch?

7. Wie hat Ihr Vater Sie beurteilt?

8. War es in Ihrer Familie üblich, sich gegenseitig zu kritisieren? Wenn ja, wie und in welchen Situationen?

9. Wann wurden Sie, soweit Sie sich erinnern, zum ersten Mal kritisiert?

10. Wie urteilte Ihre Familie über die Nachbarn?

✻ Beantworten Sie jetzt folgende Fragen:

1. Hatten Sie in der Schule liebevolle, inspirierende Lehrer oder wurden Sie von ihnen immer wieder wegen vermeintlicher Fehler und Unzulänglichkeiten kritisiert? Was genau sagten Ihre Lehrer zu Ihnen?

2. Wird Ihnen nun klar, von wem Sie möglicherweise die Neigung zu kritischem Denken übernommen haben? Wer war in Ihrer Kindheit der Mensch, der am meisten Kritik übte?

Ich glaube, dass Kritik unseren Geist verkümmern lässt. Sie verstärkt nur unseren Glauben, »nicht gut genug« zu sein. Das ist alles, was sie bewirkt. Und ganz gewiss bringt sie nicht das Beste in uns zum Vorschein.

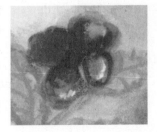

62   Finde Deine Lebenskraft

ÜBUNG

»SOLLEN« AUS IHREM
WORTSCHATZ ENTFERNEN

Schon viele Male habe ich gesagt,
dass *sollen* eines der schädlichsten
Wörter in unserer Sprache ist. Jedes
Mal, wenn wir es benutzen, sagen wir
damit eigentlich, dass wir etwas falsch machen,
gemacht haben oder machen werden.

Lassen Sie uns das Wort *sollen* völlig aus unserem Vokabular streichen und es durch das Wort *können* ersetzen! Dieses Wort gibt uns eine Wahlmöglichkeit, und
damit befreit es uns von Selbstverurteilung und Kritik.

* Zählen Sie fünf Dinge auf, die Sie tun *sollen* oder
  sollten. Ersetzen Sie dann »ich soll« durch »ich
  kann«. Fragen Sie sich nun: »Und warum tue ich es
  nicht?«

Womöglich finden Sie dabei heraus, dass Sie sich seit
Jahren wegen etwas kritisieren, was Sie in Wahrheit
überhaupt nicht tun *wollen,* oder wegen etwas, von
dem andere Ihnen eingeredet haben, dass Sie es tun
sollen. Wie viele »ich sollte« können Sie aus Ihrer Liste
streichen?

ÜBUNG

MEIN KRITISCHES SELBST

Kritik schwächt unseren Lebensmut und verändert nie etwas zum Besseren. Lob inspiriert uns und kann positive Veränderungen bewirken.

* Schreiben Sie zwei Dinge auf, wegen denen Sie sich selbst im Bereich Liebe und Intimität kritisieren. Vielleicht fällt es Ihnen schwer, anderen Ihre Gefühle zu zeigen und ihnen zu sagen, was Sie sich wirklich wünschen. Vielleicht fürchten Sie sich davor, eine intime Beziehung einzugehen, oder Sie ziehen einen Partner oder eine Partnerin in Ihr Leben, der oder die Sie verletzt und enttäuscht.

BEISPIEL:

Ich kritisiere mich dafür, *dass ich mir Partner aussuche, die mir nicht geben können, was ich mir wünsche, und dafür, dass ich sehr dazu neige, mich besitzergreifend zu verhalten.*

* Denken Sie dann an etwas, wofür Sie sich in diesem Lebensbereich loben können.

BEISPIEL:

Ich lobe mich dafür, *dass ich in der Lage war, jemandem zu sagen, wie sehr ich sie oder ihn mag (das war beängstigend, aber ich habe es trotzdem gewagt!), und dafür, dass ich es geschafft habe, wirkliche Liebe und Zuneigung zu zeigen.*

* Überlegen Sie nun, in welchen Bereichen Sie sich selbst kritisieren und wie Sie sich stattdessen loben können.

Herzlichen Glückwunsch! Sie haben soeben mit einer anderen alten Gewohnheit gebrochen! Sie lernen, sich selbst zu loben – und zwar hier und jetzt. Und die Kraft zur Veränderung liegt immer im Hier und Jetzt, im gegenwärtigen Augenblick.

ÜBUNG

DIE EIGENEN GEFÜHLE ANERKENNEN

Wut ist eine natürliche und normale Emotion. Säuglinge werden wütend, drücken die Wut aus, und dann ist sie wieder vorbei. Viele von uns haben gelernt, dass es nicht nett, höflich oder akzeptabel ist, wütend zu sein. Wir lernen, unsere Wut hinunterzuschlucken. Sie setzt sich in unserem Körper fest, in den Gelenken und Muskeln, und dann staut sie sich immer mehr an und wird zu Groll und Verbitterung.

Unterdrückte Wut, die sich Schicht um Schicht ablagert und in Verbitterung verwandelt, kann zur Entstehung von schmerzhaften Krankheiten wie Arthritis, ja sogar von Krebs beitragen.

Wir müssen alle unsere Emotionen anerkennen, auch die Wut, und positive Wege finden, diese Gefühle auszudrücken. Dafür müssen wir niemanden schlagen oder anschreien. Wir können einfach und deutlich sagen:

»Das macht mich wütend.« Oder: »Ich bin wütend über das, was du getan hast.«

Wenn es nicht angemessen ist, den anderen das zu sagen, stehen uns immer noch viele andere Möglichkeiten offen: Wir können in ein Kissen schreien, auf einen Boxsack einschlagen, laufen, bei hochgekurbelten Fenstern im Auto schreien, Tennis spielen und dergleichen mehr. Das alles sind gesunde Möglichkeiten, unsere Wut abzureagieren, ohne uns selbst oder anderen zu schaden.

1. Wie wurde in Ihrer Familie mit Wut umgegangen?

2. Wie ging Ihr Vater mit seiner Wut um?

3. Wie ging Ihre Mutter mit ihrer Wut um?

4. Wie gingen Ihre Geschwister mit ihrer Wut um?

5. Gab es in der Familie einen Sündenbock?

6. Wie sind *Sie* als Kind mit Ihrer Wut umgegangen?

7. Haben Sie Ihre Wut offen gezeigt oder sie hinuntergeschluckt?

8. Welche Methode haben Sie benutzt, um Ihre Wut zu unterdrücken?

Übermäßiges Essen?   Ja ☐   Nein ☐

Flucht in Krankheiten   Ja ☐   Nein ☐

Neigung zu Unfällen	Ja ☐	Nein ☐
Prügeleien und Raufereien mit Gleichaltrigen	Ja ☐	Nein ☐
Schlechte schulische Leistungen	Ja ☐	Nein ☐
Häufiges Weinen	Ja ☐	Nein ☐

9. Wie gehen Sie heute mit Ihrer Wut um?

10. Erkennen Sie dabei ein aus der Familie übernommenes Muster?

11. Gibt es ein Familienmitglied, das seine Wut auf ähnliche Weise ausdrückte, wie Sie es heute tun?

12. Haben Sie ein »Recht«, wütend zu sein?

13. Warum nicht? Wer hat Ihnen das gesagt?

14. Gestatten Sie es sich, allen Ihren Gefühlen in angemessener Weise Ausdruck zu verleihen?

Damit ein Kind sich gut entwickelt und gedeiht, braucht es Liebe, Anerkennung und Lob. Man kann einem Menschen zeigen, wie er Dinge »besser« machen kann, ohne ihm gleichzeitig zu vermitteln, dass sein bisheriges Handeln »falsch« war. Das Kind in uns braucht noch immer diese Art von Liebe und Anerkennung.

* Sagen Sie zu ihm positive Sätze wie:

>»Ich liebe dich und weiß, dass du immer dein Bestes gibst.«
>
> »So, wie du bist, bist du vollkommen.«
>
> »Du wirst mit jedem Tag wundervoller.«
>
> »Ich achte und respektiere dich.«
>
> »Lass uns gemeinsam schauen, ob wir einen besseren Weg finden, dies zu tun.«
>
> »Lernen und Sichweiterentwickeln machen Spaß, und wir können es gemeinsam tun.«

Das sind Sätze, die ein Kind gerne hört, weil sie bewirken, dass es sich gut fühlt. Und wenn Kinder sich gut fühlen, geben sie ihr Bestes. Sie entfalten sich dann auf wunderschöne Weise.

Wenn Ihrem Kind, oder Ihrem inneren Kind, ständig gesagt wurde, was es alles »falsch« macht, kann es eine Weile dauern, bis es die neuen positiven Worte akzeptiert. Treffen Sie eine klare Entscheidung, künftig auf Kritik zu verzichten, und sind Sie darin konsequent, kann das wahre Wunder bewirken.

* Sprechen Sie einen Monat lang auf positive Weise mit Ihrem inneren Kind. Verwenden Sie die oben aufgelisteten Affirmationen oder formulieren Sie eigene. Tragen Sie eine Liste dieser Affirmationen ständig bei sich. Wenn Sie merken, dass Sie wieder in Ihr früheres Kritikverhalten zurückfallen, nehmen Sie die Liste und lesen sie zwei- oder dreimal durch. Noch besser ist es, wenn Sie die Affirmationen vor einem Spiegel laut sprechen.

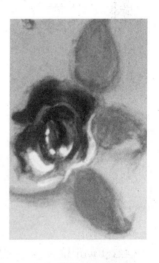

ÜBUNG

HÖREN SIE SICH SELBST ZU

Für diese Übung benötigen Sie einen Kassettenrekorder oder ein Diktiergerät.

* Nehmen Sie ungefähr eine Woche lang Ihre Telefonate auf – nur Ihre eigene Stimme. Wenn das Band oder der Speicher voll ist, setzen Sie sich hin und hören sich die Aufnahmen an. Achten Sie nicht nur darauf, was Sie sagen, sondern auch, wie Sie es sagen. Welche Glaubenssätze kommen darin zum Ausdruck? Wen und was kritisieren Sie? Klingen Sie dabei möglicherweise wie Ihr Vater oder Ihre Mutter?

Wenn Sie weniger kritisch sich selbst gegenüber sind, werden Sie feststellen, dass Sie auch andere Menschen seltener kritisieren.

Wenn es für Sie okay ist, Sie selbst zu sein, dann gestatten Sie es automatisch auch anderen, sie selbst zu sein, und ihre kleinen Angewohnheiten gehen Ihnen viel weniger auf die Nerven. Dann haben Sie nicht länger das Bedürfnis, andere Menschen zu ändern. Und wenn Sie damit aufhören, über andere zu urteilen, werden die anderen aufhören, über Sie zu urteilen. Alle Menschen möchten gerne frei sein.

Vielleicht sind Sie ein Mensch, der alle Leute in seiner Umgebung kritisiert. Und wenn Sie das tun, kritisieren Sie ganz sicher auch sich selbst.

✸ Daher sollten Sie sich fragen:

1. Was habe ich davon, ständig ärgerlich zu sein?

2. Was würde geschehen, wenn ich damit aufhöre?

3. Bin ich bereit, zu vergeben und frei zu sein?

ÜBUNG

EINEN BRIEF SCHREIBEN

* Denken Sie an jemanden, auf den Sie wütend sind. Vielleicht besteht diese Wut schon sehr lange Zeit.

* Schreiben Sie dieser Person einen Brief. Schreiben Sie ihm oder ihr alles auf, worüber Sie wütend sind, und schildern Sie offen Ihre Gefühle. Dabei halten Sie nichts zurück. Schreiben Sie sich alles von der Seele.

* Wenn der Brief fertig ist, lesen Sie ihn sich einmal durch, falten ihn zusammen und schreiben außen darauf: »Was ich wirklich will, ist deine Liebe und Anerkennung.«

* Dann verbrennen Sie den Brief und lassen die Angelegenheit los.

Spiegelarbeit

Spiegelarbeit ist einfach und sehr wirkungsvoll.

✽ Dazu müssen Sie lediglich in einen Spiegel schauen, während Sie Ihre Affirmationen sprechen.

Spiegel reflektieren unsere wahren Gefühle.

Als Kinder empfingen wir die meisten unserer negativen Botschaften von Erwachsenen. Oft schauten sie uns in die Augen oder drohten uns mit dem Zeigefinger. Wenn wir heute in den Spiegel schauen und etwas Negatives über uns sagen, kritisieren wir entweder unser Aussehen oder schimpfen mit uns.

Sich in die Augen zu schauen und dabei etwas Positives über sich selbst zu sagen ist einer der schnellsten Wege, mit Affirmationen positive Resultate zu erzielen. Ich empfehle den Leuten, jedes Mal, wenn sie an einem Spiegel vorbeikommen, sich selbst in die Augen zu schauen und etwas Positives über sich zu sagen.

* Denken Sie nun an einen anderen Menschen, auf den Sie wütend sind, oder an die Person aus der vorherigen Übung. Setzen Sie sich vor einen Spiegel. Halten Sie Papiertaschentücher bereit. Schauen Sie sich in die Augen und »sehen« Sie die andere Person. Sagen Sie dieser Person, warum Sie so wütend auf sie sind.

* Danach sagen Sie ihm oder ihr: »Was ich wirklich will, ist deine Liebe und Anerkennung.« Wir alle suchen nach Liebe und Anerkennung. Das ist es, was wir uns von allen Menschen wünschen und was alle Menschen sich von uns wünschen. Liebe und Anerkennung bringen Harmonie in unser Leben.

* Um frei zu sein, müssen wir unsere alten Fesseln hinter uns lassen. Schauen Sie also erneut in den Spiegel und sagen Sie zu sich selbst: »Ich lasse jetzt das Bedürfnis hinter mir, ein wütender Mensch zu sein.«

* Horchen Sie dann in sich hinein, ob Sie wirklich bereit sind loszulassen oder ob Sie sich immer noch an die Vergangenheit klammern.

*N*achfolgend werden die Aussagen vom Beginn dieses Kapitels wiederholt, zusammen mit einer Affirmation, die zu dem jeweiligen Glaubenssatz passt.

* Machen Sie diese Affirmationen zum festen Bestandteil Ihres Tagesablaufs. Wiederholen Sie sie möglichst oft laut oder in Gedanken: im Auto, bei der Arbeit, während Sie in den Spiegel schauen oder jedes Mal, wenn ein negativer Glaubenssatz zum Vorschein kommt.

Die Leute sind so dumm!
Alle geben ihr Bestes, und ich auch.

Ich würde das gerne machen, wenn ich nur nicht so fett wäre.
Ich liebe und achte das Wunder meines Körpers.

Wie kann sich jemand nur so hässlich anziehen?
Ich liebe die Einzigartigkeit, die Menschen durch ihre Kleidung zum Ausdruck bringen.

Wenn die so weitermachen, werden sie diesen Job nie erledigen.
Ich löse mich jetzt liebevoll von dem Bedürfnis, andere zu kritisieren.

Affirmationen gegen Kritik   75

Ich bin so schrecklich dumm!
Ich lerne jeden Tag dazu und entwickle mich
ständig weiter.

Wenn ich wütend werde, verliere ich die
Beherrschung.
Ich bringe meinen Ärger auf angemessene Weise
zum Ausdruck, und zwar zur rechten Zeit und
am rechten Ort.

Ich habe kein Recht, wütend zu sein.
Alle meine Emotionen sind angemessen.

Wut ist schlecht.
Wut ist normal und natürlich.

Wenn jemand wütend ist, bekomme ich Angst.
Ich tröste mein inneres Kind, zusammen sind wir
behütet und geborgen.

Es ist gefährlich, Wut zu zeigen.
Ich kann alle meine Emotionen gefahrlos und
angemessen ausdrücken.

Niemand würde mich lieben, wenn ich meinen
Ärger zeige.
Je aufrichtiger ich bin, desto mehr werde ich geliebt.

Es macht mich krank, meine Wut hinunterzuschlucken.
Ich lasse alle meine Gefühle frei fließen, auch meine Wut.

Ich war noch nie wütend.
Meine Wut auf gesunde Weise auszudrücken erhält mich gesund.

Meine Nachbarn machen immer solchen Lärm.
Ich löse mich von dem Bedürfnis, mich durch Störungen ablenken zu lassen.

Niemand fragt mich nach meiner Meinung.
Meine Meinung wird von meinen Mitmenschen geschätzt und respektiert.

»ICH GEBE MIR DIE ERLAUBNIS, MEINE GEFÜHLE ANZUERKENNEN.«

BEHANDLUNG
FÜR EIN FRIEDVOLLES LEBEN

Ich bin eins mit dem Leben, und das Leben liebt und unterstützt mich. Daher beanspruche ich für mich Liebe und Anerkennung auf allen Ebenen. Ich akzeptiere alle meine Emotionen und kann sie in jeder Situation angemessen zeigen und ausdrücken. Ich bin nicht meine Eltern und ich bin nicht an ihre Muster von Wut und Kritik gebunden. Ich habe jetzt gelernt, eher zu beobachten, als zu reagieren, und dadurch ist mein Leben viel harmonischer. Ich bin mein eigenes, einzigartiges Selbst und ich rege mich nicht länger über Kleinigkeiten auf. Ich lebe im geistigen Frieden. Das ist die Wahrheit meines Seins, und ich akzeptiere sie jetzt. Alles ist gut in meinem inneren Sein.

Affirmationen gegen die Sucht

»Kein Mensch, Ort oder Ding
hat irgendeine Macht über mich. Ich bin frei.«

SUCHT-CHECKLISTE

Welche der folgenden Aussagen treffen auf Sie zu? Am Ende dieses Kapitels werden Sie in der Lage sein, jedem dieser negativen Gedanken einen positiven entgegenzusetzen.

☐ Ich will jetzt Erleichterung.

☐ Das Rauchen hilft mir gegen den Stress.

☐ Wenn ich viel Sex habe, hält mich das vom Nachdenken ab.

☐ Ich kann einfach nicht aufhören zu essen.

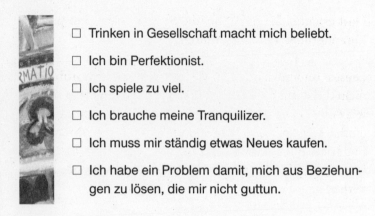

☐ Trinken in Gesellschaft macht mich beliebt.

☐ Ich bin Perfektionist.

☐ Ich spiele zu viel.

☐ Ich brauche meine Tranquilizer.

☐ Ich muss mir ständig etwas Neues kaufen.

☐ Ich habe ein Problem damit, mich aus Beziehungen zu lösen, die mir nicht guttun.

Suchtverhalten ist ein anderer Weg, unserer Umwelt zu sagen: »Ich bin nicht gut genug.« Wenn wir in einem solchen Verhalten gefangen sind, versuchen wir, vor uns selbst davonzulaufen. Wir wollen uns nicht spüren, sind nicht in Kontakt mit unseren Gefühlen. Etwas, was wir glauben, sagen oder tun oder woran wir uns erinnern, ist zu schmerzhaft, um es anzuschauen. Stattdessen betäuben wir uns mit Alkohol, essen zu viel, nehmen Tabletten, geben zu viel Geld aus, lassen uns von zwanghaftem Sexualverhalten beherrschen oder von unseren Liebespartnern schlecht behandeln.

Es gibt Zwölf-Stufen-Programme für die meisten Suchtprobleme, und sie haben schon Tausenden von Menschen geholfen. Wenn Ihnen ein ernstes Suchtproblem zu schaffen macht, möchte ich Sie sehr dazu ermutigen, sich den Anonymen Alkoholikern (AA) oder Al-Anon anzuschließen.

Dort erhalten Sie die Hilfe, die Sie benötigen, um positive Veränderungen herbeizuführen.

Dieses Kapitel kann für Menschen mit Suchtproblemen nicht die Resultate erzielen, die mit Selbsthilfeprogrammen wie den oben genannten möglich sind. Ich glaube, zunächst einmal müssen wir uns bewusst werden, dass es in uns ein Bedürfnis für dieses zwanghafte Verhalten gibt. Erst wenn wir uns von diesem Bedürfnis lösen, kann sich das Suchtverhalten ändern.

Sich selbst zu lieben und wertzuschätzen, dem Lauf des Lebens zu vertrauen und sich sicher zu fühlen, weil man um die Macht des eigenen Geistes weiß – all das ist extrem wichtig, wenn wir es mit Suchtverhalten zu tun haben. Meine Erfahrungen mit Süchtigen haben mir gezeigt, dass die meisten dieser Menschen unter einem tief sitzenden Selbsthass leiden. Sie urteilen sehr hart über sich und können sich nicht vergeben. Sie bestrafen sich Tag für Tag. Warum? Weil sie irgendwann im Leben (höchstwahrscheinlich in ihrer Kindheit) den  Gedanken akzeptiert haben, nicht gut genug zu sein – sie waren »schlecht«, »böse«, und dafür mussten sie bestraft werden.

Erfahrungen von Gewalt, emotionalem oder sexuellem Missbrauch in der Kindheit tragen zu dieser Art von Selbsthass bei. Ehrlichkeit, Vergebung, Selbstliebe und die Bereitschaft, in der Wahrheit zu leben, können bei der Heilung dieser frühen Verletzungen helfen und Süchtigen einen Weg aus ihren Verhaltensmustern weisen. Zu Suchtverhalten neigende Menschen sind zudem oft ängstlich. Sie haben große Angst davor, loszulassen und sich dem Lauf des Lebens anzuvertrauen. Solange wir glauben, dass die Welt ein unsicherer Ort ist, wo Menschen und Situationen nur darauf warten, über uns herzufallen, wird dieser Glaube für uns zur Realität.

Sind Sie bereit, sich von Vorstellungen und Glaubenssätzen zu lösen, die Ihr Leben beeinträchtigen? Wenn ja, dann sind Sie bereit dafür, diese Reise fortzusetzen.

ÜBUNG

SUCHTVERHALTEN AUFGEBEN

Wissen Sie, wo die Veränderung stattfinden muss? Hier und jetzt in Ihrem eigenen Bewusstsein!

* Atmen Sie ein paar Mal tief durch. Schließen Sie die Augen. Denken Sie nun an die Person oder Sache, nach der Sie süchtig sind.

Mit Ihrem Suchtverhalten versuchen Sie, etwas in Ordnung zu bringen, was Sie an sich selbst nicht mögen. Sie versuchen, etwas in Ihrem Inneren zu reparieren, indem Sie sich an etwas Äußeres klammern. Die Macht zur Veränderung liegt immer im gegenwärtigen Augenblick, und Sie können gleich heute mit dieser Veränderung beginnen. Dazu müssen Sie sich von Ihrem Bedürfnis lösen, es hinter sich lassen.

* Sagen Sie: »*Ich bin bereit, mein Leben von dem Bedürfnis nach _____ zu befreien. Ich löse mich jetzt davon und vertraue darauf, dass das Leben für meine Bedürfnisse sorgt.*«

Machen Sie diese Affirmation zum festen Bestandteil Ihrer morgendlichen Meditationen und Gebete. Damit tun Sie einen wichtigen Schritt hin zu größerer Freiheit.

ÜBUNG

IHRE GEHEIME SUCHT

* Schreiben Sie bezüglich Ihrer Sucht zehn Geheimnisse auf, über die Sie noch nie mit jemandem gesprochen haben. Falls Sie esssüchtig sind, haben Sie vielleicht schon einmal etwas aus einer Mülltonne gegessen. Wenn Sie Alkoholiker sind, haben Sie vielleicht schon Hochprozentiges im Auto versteckt und während der Fahrt davon getrunken. Wenn Sie spielsüchtig sind, haben Sie vielleicht Ihrer Familie großen Kummer dadurch bereitet, dass Sie immer neue Spielschulden anhäuften. Seien Sie bei dieser Übung wirklich ehrlich und aufrichtig.

* Wie fühlen Sie sich jetzt? Schauen Sie sich Ihr »schlimmstes« Geheimnis an. Visualisieren Sie sich selbst in dieser Phase Ihres Lebens und *lieben* Sie diesen Menschen. Sagen Sie ihm, wie sehr Sie ihn lieben und dass Sie ihm vergeben. Schauen Sie in den Spiegel und sagen Sie: »Ich vergebe dir und ich liebe dich genau so, wie du bist.« Atmen Sie tief durch.

ÜBUNG

FRAGEN SIE IHRE FAMILIE

Kehren wir für einen Moment in Ihre Kindheit zurück. Beantworten Sie dazu einige Fragen.

1. Meine Mutter wollte immer, dass ich ...
2. Ich wünschte immer, sie würde zu mir sagen ...
3. Meine Mutter wusste nicht, dass ich ...
4. Mein Vater verbot mir ...
5. Wenn mein Vater doch nur gewusst hätte, dass ...
6. Ich wünschte, ich hätte meinem Vater damals gesagt, dass ...
7. Mutter, ich vergebe dir, dass ...
8. Vater, ich vergebe dir, dass ...

Viele Leute sagen zu mir, sie könnten die Gegenwart nicht genießen wegen etwas, was in der Vergangenheit geschah. Wenn wir uns weigern, uns von der Vergangenheit zu lösen, *fügen wir uns selbst damit immer wieder neuen Schmerz zu.* Wir weigern uns, in der Gegenwart zu leben. Doch die Vergangenheit ist vorbei und lässt sich nicht mehr ändern. Wir können immer nur den gegenwärtigen Augenblick erleben.

ÜBUNG

SICH VON DER VERGANGENHEIT LÖSEN

Reinigen wir nun unser Denken von der Vergangenheit. Beenden Sie Ihre emotionale Bindung an Vergangenes. Lassen Sie die Erinnerungen von nun an einfach Erinnerungen sein.

Wenn Sie sich daran erinnern, welche Kleidung Sie mit zehn Jahren getragen haben, ist das normalerweise nicht mit emotionalem Anhaften verbunden. Es ist einfach nur eine Erinnerung. Das kann bei *allen* früheren Erlebnissen so sein. Wenn wir die Vergangenheit loslassen, befreit uns das, und wir können unsere gesamte geistige Kraft darauf richten, die Gegenwart zu genießen und uns eine wundervolle Zukunft zu erschaffen. Wir müssen uns dann nicht länger für unsere Vergangenheit bestrafen.

1. Erstellen Sie eine Liste von allem, was Sie loslassen wollen.

2. Wie groß ist Ihre Bereitschaft, wirklich loszulassen? Achten Sie auf Ihre Reaktionen bei den einzelnen

Punkten auf der Liste und notieren Sie diese Reaktionen.

3. Was müssen Sie tun, um diese Dinge wirklich loslassen zu können? Wie groß ist Ihre Bereitschaft, es wirklich zu tun?

ÜBUNG

SICH SELBST WERTSCHÄTZEN

Da bei Suchtproblemen der Selbsthass eine so wichtige Rolle spielt, werden wir jetzt eine meiner Lieblingsübungen machen. Ich habe diese Übung Tausenden von Menschen gezeigt, und die Resultate sind einfach phänomenal!

* Jedes Mal, wenn Sie während des nächsten Monats merken, dass Sie an Ihre Sucht denken, sagen Sie immer wieder zu sich: »Ich liebe und achte mich.«

Machen Sie das dreihundert oder vierhundert Mal täglich. Nein, das ist nicht zu oft. Wenn Sie sich Sorgen machen, grübeln Sie mindestens genau so oft am Tag über Ihr Problem nach. Machen Sie »Ich liebe und

achte mich« zu Ihrem Mantra, zu etwas, was Sie sich ständig selbst vorsagen, fast nonstop.

Das möglichst häufige Wiederholen dieser Affirmation bewirkt garantiert, dass Ihnen alles deutlich zu Bewusstsein kommt, was dazu im Gegensatz steht.

Wenn sich ein negativer Gedanke bemerkbar macht, zum Beispiel: »Wie kannst du dich selbst achten, wo du doch dein ganzes Geld ausgegeben hast«, oder: »Du hast eben zwei Stücke Kuchen gegessen«, oder: »Du wirst es nie zu etwas bringen«, oder wie auch immer Ihr inneres Gebrabbel aussehen mag, dann ist *jetzt* der Zeitpunkt, endlich wieder die mentale Kontrolle zu übernehmen. Schenken Sie den anderen Gedanken keine Beachtung. Sehen Sie sie als das, was sie sind – etwas, was Sie an die Vergangenheit bindet.

* Sagen Sie sanft, aber bestimmt zu diesem Gedanken: »Danke, dass du mir deine Botschaft übermittelt hast. Ich lasse dich gehen. Ich liebe und achte mich von nun an.«

Diese widerstreitenden Gedanken besitzen keinerlei Macht über Sie, solange Sie nicht an sie glauben.

*N*achfolgend werden die Aussagen vom Beginn dieses Kapitels wiederholt, zusammen mit einer Affirmation, die zu dem jeweiligen Glaubenssatz passt.

* Machen Sie diese Affirmationen zum festen Bestandteil Ihres Tagesablaufs. Wiederholen Sie sie möglichst oft laut oder in Gedanken: im Auto, bei der Arbeit, während Sie in den Spiegel schauen oder jedes Mal, wenn ein negativer Glaubenssatz zum Vorschein kommt.

Ich will jetzt Erleichterung.
Ich bin im Frieden.

Das Rauchen hilft mir gegen den Stress.
Ich befreie mich durch tiefes Atmen von Stress.

Wenn ich viel Sex habe, hält mich das vom Nachdenken ab.
Ich verfüge über die Macht und das Wissen, um alle Herausforderungen in meinem Leben zu meistern.

Ich kann einfach nicht aufhören zu essen.
Ich nähre mich selbst mit meiner Liebe.

Trinken in Gesellschaft macht mich beliebt.
Ich strahle Wertschätzung aus und ich werde von anderen Menschen aufrichtig geliebt.

Ich bin Perfektionist.
Ich löse mich von diesem albernen Glaubenssatz. Ich bin so, wie ich bin, gut genug.

Ich spiele zu viel.
Ich bin offen für die innere Weisheit. Ich bin friedvoll.

Ich brauche meine Tranquilizer.
Entspannt vertraue ich auf das Leben, denn es versorgt mich auf leichte, angenehme Weise mit allem, was ich benötige.

Ich muss mir ständig etwas Neues kaufen.
Ich bin bereit, mich und mein Leben in einem völlig neuen Licht zu sehen und mir hier und jetzt eine erfüllte Zukunft zu erschaffen.

Ich habe ein Problem damit, mich aus Beziehungen zu lösen, die mir nicht guttun.
Ich liebe, wertschätze und respektiere mich. Da ich dies auf meine Umgebung ausstrahle, kann mich niemand schlecht behandeln.

»ICH GEBE MIR DIE ERLAUBNIS, MICH ZU VERÄNDERN.«

HEILBEHANDLUNG
GEGEN SUCHTPROBLEME

Ich bin eins mit dem Leben, und das Leben liebt und unterstützt mich. Daher beanspruche ich für mich ein gutes Selbstwertgefühl und Selbstachtung.
Ich liebe und wertschätze mich in jeder Hinsicht. Ich identifiziere mich nicht mit meinen Eltern oder deren Suchtverhalten. Wie immer meine Vergangenheit auch ausgesehen haben mag, jetzt, in diesem Augenblick, entscheide ich mich dafür, jeglichen negativen inneren Dialog zu eliminieren und mich selbst zu lieben und zu achten. Ich bin mein eigenes, einzigartiges Selbst und freue mich an meinem Sein. Ich bin wertvoll und liebenswert. Das ist die Wahrheit meines Seins, und ich akzeptiere sie jetzt. Alles ist gut in meiner Welt.

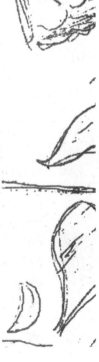

Affirmationen für Vergebung

»Mir wird vergeben, und ich bin frei.«

VERGEBUNGS-CHECKLISTE

Welche der folgenden Aussagen treffen auf Sie zu? Am Ende dieses Kapitels werden Sie in der Lage sein, jedem dieser negativen Gedanken einen positiven entgegenzusetzen.

☐ Ich kann ihnen das niemals vergeben.

☐ So etwas ist unverzeihlich.

☐ Sie haben mein Leben ruiniert.

☐ Sie haben es mit Absicht getan.

☐ Ich war noch so klein, und sie haben mich so sehr verletzt.

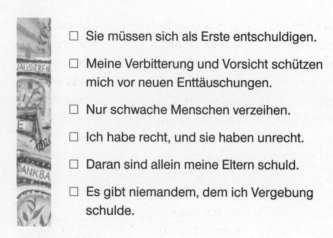

- ☐ Sie müssen sich als Erste entschuldigen.
- ☐ Meine Verbitterung und Vorsicht schützen mich vor neuen Enttäuschungen.
- ☐ Nur schwache Menschen verzeihen.
- ☐ Ich habe recht, und sie haben unrecht.
- ☐ Daran sind allein meine Eltern schuld.
- ☐ Es gibt niemandem, dem ich Vergebung schulde.

Klingen einige dieser Sätze Ihnen vertraut? Vergebung fällt den meisten von uns schwer.

Wir alle sollten Vergebungsarbeit leisten. Jeder Mensch, der Probleme damit hat, sich selbst zu lieben, ist höchstwahrscheinlich in diesem Bereich blockiert. Vergebung öffnet unser Herz für die Selbstliebe. Viele von uns schleppen Jahr um Jahr tief sitzenden Groll und Verbitterung mit sich herum. Selbstgerecht klagen wir darüber, was *sie* uns angetan haben. Ich nenne das: eingesperrt sein im Gefängnis des selbstgerechten Grolls. Wenn wir unbedingt recht haben wollen, werden wir niemals glücklich sein.

Ich höre Sie schon sagen: »Aber Sie wissen doch gar nicht, was mir angetan wurde! Es ist absolut unverzeihlich.« Damit, dass wir nicht zur Vergebung bereit sind, tun wir uns selbst etwas Schreckliches an. Verbitterung ist, als würden wir jeden Tag einen Löffel Gift schlucken. Sie sammelt sich in unserem Geist und Körper an und schadet uns. Es ist unmöglich, gesund und frei zu sein, wenn wir uns an die Vergangenheit ketten. Der Vorfall, den wir für so wichtig halten, ist lange vergangen und vorbei. Ja, es stimmt, dass *sie* sich damals falsch verhalten haben. Doch es ist vorüber. Oft glauben wir, wenn wir ihnen vergeben, würden wir damit anerkennen, dass das, was sie getan haben, in Ordnung war.

Zu akzeptieren, dass alle Menschen stets gemäß ihrem momentanen Wissen ihr Bestes geben, gehört zu unseren größten spirituellen Lernaufgaben. Die Menschen können immer nur entsprechend der Bewusstheit und dem Wissen handeln, über die sie aktuell verfügen. Ausnahmslos jeder Mensch, der andere misshandelt, wurde selbst als Kind misshandelt. Je größer die erlittene Gewalt, je größer der eigene Schmerz, desto mehr neigen diese Menschen möglicherweise selbst dazu, anderen Schmerz zuzufügen. Damit soll nicht gesagt werden, dass ihr Verhalten hingenommen werden soll oder entschuldbar ist. Doch für unser spirituelles Wachstum ist es unerlässlich, dass wir uns des seelischen Schmerzes bewusst werden, unter dem jene leiden, die sexuellen Missbrauch begehen oder sich in anderer Weise gewalttätig verhalten.

Wenn die Erfahrung der Vergangenheit angehört, vielleicht schon vor sehr langer Zeit geschehen ist, sollten Sie loslassen. Machen Sie sich frei davon. Kommen Sie aus Ihrem Gefängnis, treten Sie heraus ins Sonnenlicht des Lebens! Wenn die Situation aber noch fortbesteht, sollten Sie sich fragen, warum Sie sich selbst so wenig achten, dass Sie es hinnehmen, von anderen Menschen so behandelt zu werden. Warum bleiben Sie in einer solchen Situation? Verschwenden Sie keine Zeit darauf, es dem oder den anderen »heimzuzahlen«. Das funktioniert nicht. Was wir geben, kehrt stets wieder zu uns zurück. Lösen wir uns also von der Vergangenheit und arbeiten wir daran, uns in der *Gegenwart* zu lieben. Dann erwartet uns eine wunderbare Zukunft.

Gerade von dem Menschen, dem zu vergeben Ihnen am schwersten fällt, können Sie am meisten lernen. Wenn Sie sich selbst genug lieben, um sich über die alte Situation zu erheben, dann werden Verstehen und Vergebung Ihnen leichtfallen. Und das macht Sie frei. Haben Sie Angst vor dieser Freiheit? Fühlt es sich sicherer an, in Ihrem alten Groll, der alten Verbitterung festzustecken?

Spiegelarbeit

Es ist an der Zeit, wieder einmal zu unserem alten Freund, dem Spiegel, zurückzukehren.

* Schauen Sie sich in die Augen und sagen Sie gefühlvoll: *»Ich bin bereit zu vergeben!«*

   Wiederholen Sie diese Affirmation mehrere Male.

   Welche Emotionen löst das in Ihnen aus? Spüren Sie, dass Sie inneren Widerstand leisten, dass etwas in Ihnen nicht loslassen will? Oder fühlen Sie innere Bereitschaft und Offenheit?

* Beobachten Sie einfach Ihre Gefühle, ohne sie zu beurteilen.

   Atmen Sie ein paarmal tief durch und wiederholen Sie den Vorgang.

   Fühlt es sich nun anders an?

ÜBUNG

WIE IN IHRER FAMILIE MIT VERGEBUNG UMGEGANGEN WURDE

1. War Ihre Mutter ein Mensch, der leicht vergab?

2. War Ihr Vater ein solcher Mensch?

3. Pflegte man in Ihrer Familie auf schmerzhafte Situationen mit Bitterkeit und Groll zu reagieren?

4. Zahlte Ihre Mutter es Menschen, die ihr ihrer Meinung nach Unrecht angetan hatten, mit gleicher Münze heim?

5. Verhielt Ihr Vater sich auf diese Weise?

6. Rächen Sie sich?

7. Fühlt es sich gut an, wenn es Ihnen gelungen ist, einem anderen Menschen etwas heimzuzahlen?

8. Warum ist das so?

Es ist ein interessantes Phänomen, dass andere Menschen es oft intuitiv spüren und darauf reagieren, wenn wir unsere innere Vergebungsarbeit verrichten. Es ist nicht notwendig, dass Sie zu den beteiligten Personen gehen und ihnen sagen, dass Sie ihnen vergeben.

Manchmal werden Sie den Wunsch verspüren, dies zu tun, aber Sie müssen es nicht. Die entscheidende Vergebungsarbeit findet in Ihrem Herzen statt.

Vergebung ist selten für »sie«. Sie ist für uns selbst. Der Mensch, dem Sie vergeben sollten, kann längst tot sein.

Schon viele Menschen, die echte Vergebung praktizierten, haben mir berichtet, dass sie ein oder zwei Monate später einen Brief oder einen Anruf der betreffenden Person erhielten, die ihrerseits das Anliegen vorbrachte, um Vergebung zu bitten. Das geschieht besonders dann, wenn die Vergebungsübungen vor einem Spiegel durchgeführt werden. Achten Sie bitte bei der Übung darauf, die Vergebung wirklich tief zu empfinden.

Spiegelarbeit

Spiegelarbeit ist oftmals unangenehm, und wir versuchen, uns davor zu drücken. Wenn Sie im Badezimmer stehen und Spiegelarbeit machen, ist es verlockend, hinauszulaufen und die Tür hinter sich zu schließen.

Die besten Resultate erzielen Sie nach meiner Erfahrung, wenn Sie sich vor einen Spiegel setzen. Ich benutze gerne den großen Ankleidespiegel auf der Innenseite der Schlafzimmertür. Ich setze mich mit einem ausreichenden Vorrat an Papiertaschentüchern davor.

Nehmen Sie sich für diese Übung genug Zeit oder wiederholen Sie sie möglichst oft. Im Leben von uns allen gibt es viele Menschen, denen wir vergeben sollten.

* Setzen Sie sich vor Ihren Spiegel. Schließen Sie die Augen und atmen Sie ein paarmal tief durch. Denken Sie an die vielen Personen, die Ihnen im Lauf des Lebens Schmerz zugefügt haben. Lassen Sie sie vor Ihrem inneren Auge vorüberziehen. Öffnen Sie jetzt die Augen und sprechen Sie mit einer dieser Personen.

Affirmationen für Vergebung 101

* Sagen Sie etwas wie zum Beispiel: »*Du hast mich tief verletzt. Doch ich will nicht länger in der Vergangenheit gefangen sein. Ich bin bereit, dir zu vergeben.*« Atmen Sie tief durch und sagen Sie: »*Ich verzeihe dir und gebe dich frei.*« Atmen Sie erneut tief durch und sagen Sie: »*Du bist frei, und ich bin frei.*«

* Achten Sie darauf, wie Sie sich jetzt fühlen. Vielleicht spüren Sie inneren Widerstand oder Sie fühlen sich leicht und klar. Atmen Sie einfach ruhig und sagen Sie:
»*Ich bin bereit, jeden Widerstand aufzugeben.*«

Es gibt Tage, an denen Sie mehreren Menschen vergeben können. Und es gibt Tage, da wird Ihnen das nur bei einer einzigen Person möglich sein. Aber das spielt keine Rolle. Ganz gleich, wie Sie die Übung ausführen, sie wird perfekt für Sie sein. Vergebung kann sein wie das Häuten einer Zwiebel. Wenn es zu viele Schichten gibt, legen Sie die Zwiebel für einen Tag weg. Sie können sie sich jederzeit wieder vornehmen und eine weitere Schicht abschälen. Dass Sie bereit sind, diese Übung zu beginnen, ist schon ein großer Schritt, zu dem Sie sich beglückwünschen sollten.

Wenn Sie diese Übung häufiger praktizieren, können Sie die Liste der Personen erweitern, denen Sie vergeben wollen. Denken Sie an:

102 Finde Deine Lebenskraft

- Familienmitglieder
- Lehrer
- Mitschüler
- Lebenspartner
- Freunde
- Arbeitskollegen
- Behördenmitarbeiter
- Geistliche und andere Kirchenvertreter
- Ärzte und medizinisches Personal
- Gott
- andere Autoritätspersonen
- sich selbst

Am allerwichtigsten ist, dass Sie sich selbst vergeben. Hören Sie damit auf, so hart gegen sich selbst zu sein. Selbstbestrafung ist unnötig. Sie haben im Rahmen Ihrer Möglichkeiten stets Ihr Bestes gegeben.

✻ Setzen Sie sich mit Ihrer Liste wieder vor den Spiegel. Sagen Sie zu jedem Menschen auf der Liste: *»Ich vergebe dir, dass du* _____*.«* Atmen Sie. *»Ich vergebe dir und gebe dich frei.«*

✻ Verfahren Sie so mit allen Personen auf der Liste. Wenn Sie spüren, dass Sie bei einem Menschen keine Wut oder Bitterkeit mehr spüren, streichen Sie ihn von der Liste. Spüren Sie noch Wut, wenden Sie sich dieser Person später noch einmal zu.

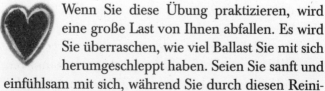

Wenn Sie diese Übung praktizieren, wird eine große Last von Ihnen abfallen. Es wird Sie überraschen, wie viel Ballast Sie mit sich herumgeschleppt haben. Seien Sie sanft und einfühlsam mit sich, während Sie durch diesen Reinigungsprozess gehen.

Affirmationen für Vergebung   103

ÜBUNG

EINE LISTE ERSTELLEN

* Legen Sie sanfte Musik auf – etwas, was Sie in eine entspannte, friedliche Stimmung versetzt. Nehmen Sie Papier und Stift und lassen Sie Ihre Gedanken ein wenig treiben. Gehen Sie nun zurück in die Vergangenheit und denken Sie an all die Dinge, wegen denen Sie wütend auf sich selbst sind. Schreiben Sie sie auf. Schreiben Sie *wirklich alles* auf. Möglicherweise finden Sie heraus, dass Sie sich nie verziehen haben, im ersten Schuljahr in die Hose gemacht zu haben. Wie lange tragen Sie *diese* Last nun schon mit sich herum!

Manchmal fällt es uns leichter, anderen zu vergeben als uns selbst. Wir sind oft sehr hart zu uns selbst und verlangen Vollkommenheit von uns. Für jeden Fehler, der uns unterläuft, bestrafen wir uns unnachsichtig. Es ist

an der Zeit, dass Sie diese ungesunde Einstellung überwinden!

Aus Fehlern kann man lernen. Wären wir bereits vollkommen, gäbe es für uns nichts mehr zu lernen. Dann bräuchten wir gar nicht auf dem Planeten zu inkarnieren. Dadurch, dass Sie »perfekt« sein wollen, können Sie sich die Liebe und Anerkennung Ihrer Eltern nicht verdienen – es wird nur bewirken, dass Sie sich »schlecht« und nicht gut genug fühlen. Werden Sie lockerer und hören Sie auf, mit sich selbst so umzugehen.

* Vergeben Sie sich. Lassen Sie los. Gestatten Sie es sich, spontan und frei zu sein. Es gibt keinen Grund für Scham und Schuldgefühle.

* Gehen Sie hinaus an den Strand, in einen Park oder, wenn es nichts anderes in der Nähe gibt, auf einen leeren Parkplatz und laufen Sie herum. Das soll kein kontrolliertes Joggen sein. Rennen Sie wild und frei herum – schlagen Sie Purzelbäume, hüpfen Sie über den Bürgersteig – und lachen Sie dabei! Gönnen Sie Ihrem inneren Kind etwas Spaß. Was macht es schon, wenn Sie jemand dabei beobachtet? Sie tun es für Ihre Freiheit!

Affirmationen für Vergebung   105

*N*achfolgend werden die Aussagen vom Beginn dieses Kapitels wiederholt, zusammen mit einer Affirmation, die zu dem jeweiligen Glaubenssatz passt.

* Machen Sie diese Affirmationen zum festen Bestandteil Ihres Tagesablaufs. Wiederholen Sie sie möglichst oft laut oder in Gedanken: im Auto, bei der Arbeit, während Sie in den Spiegel schauen oder jedes Mal, wenn ein negativer Glaubenssatz zum Vorschein kommt.

Ich kann ihnen das niemals vergeben.

Jetzt ist ein neuer Augenblick. Ich bin frei, loszulassen.

So etwas ist unverzeihlich.

Ich bin bereit, meine Selbstbeschränkungen hinter mir zu lassen.

Sie haben mein Leben ruiniert.

Ich übernehme die Verantwortung für mein Leben. Ich bin frei.

Sie haben es mit Absicht getan.

Sie haben ihr Bestes gegeben, mit dem Wissen und der Einsicht, über die sie damals verfügten.

Ich war noch so klein, und sie haben mich so sehr verletzt.

Ich bin jetzt erwachsen und ich kümmere mich liebevoll um mein inneres Kind.

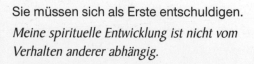

Sie müssen sich als Erste entschuldigen.
Meine spirituelle Entwicklung ist nicht vom Verhalten anderer abhängig.

Meine Verbitterung und Vorsicht schützen mich vor neuen Enttäuschungen.
Ich befreie mich aus meinem Gefängnis. Ich bin frei und zugleich sicher und geborgen.

Nur schwache Menschen verzeihen.
Zu vergeben und loszulassen verleiht Kraft und neue Energie.

Ich habe recht, und sie haben unrecht.
Es gibt kein Richtig oder Falsch. Ich löse mich von meiner Neigung, Urteile zu fällen.

Daran sind allein meine Eltern schuld.
Meine Eltern sind so mit mir umgegangen, wie mit ihnen in der Kindheit umgegangen wurde. Ich vergebe ihnen – und auch ihren Eltern.

Es gibt niemandem, dem ich Vergebung schulde.
Ich weigere mich, mich selbst zu begrenzen.
Ich bin immer bereit, den nächsten Schritt zu tun.

»Ich gebe mir die Erlaubnis, loszulassen.«

Affirmationen für Vergebung

BEHANDLUNG FÜR VERGEBUNG

Ich bin eins mit dem Leben, und das Leben liebt und unterstützt mich. Daher beanspruche ich für mich ein offenes, von Liebe erfülltes Herz. Wir alle geben in jedem Augenblick unser Bestes, und das gilt auch für mich. Die Vergangenheit ist vorüber und liegt hinter mir. Ich identifiziere mich nicht mit meinen Eltern oder deren Enttäuschung und Verbitterung. Ich bin mein eigenes, einzigartiges Selbst und ich öffne mein Herz, sodass Liebe, Mitgefühl und Verständnis mich durchströmen und alle Erinnerungen an vergangene Schmerzen auslöschen. Ich bin frei, alles zu sein, was ich sein kann. Das ist die Wahrheit meines Seins, und ich akzeptiere sie jetzt. Alles ist gut in meinem Leben.

Affirmationen für den Beruf

»Es ist eine Freude, meine Kreativität zu entfalten und dafür Anerkennung zu erfahren.«

BERUFS-CHECKLISTE

Welche der folgenden Aussagen treffen auf Sie zu? Am Ende dieses Kapitels werden Sie in der Lage sein, jedem dieser negativen Gedanken einen positiven entgegenzusetzen.

☐ Ich hasse meinen Job.

☐ Meine Arbeit ist so stressig.

☐ Niemand erkennt meine Leistungen an.

☐ Ich bekomme immer nur Jobs, die sich als Sackgasse für meine Karriere entpuppen.

110 Finde Deine Lebenskraft

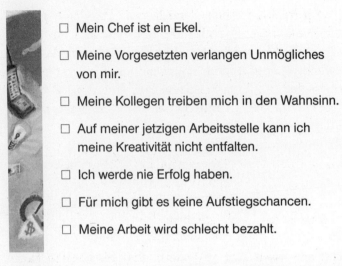

- ☐ Mein Chef ist ein Ekel.
- ☐ Meine Vorgesetzten verlangen Unmögliches von mir.
- ☐ Meine Kollegen treiben mich in den Wahnsinn.
- ☐ Auf meiner jetzigen Arbeitsstelle kann ich meine Kreativität nicht entfalten.
- ☐ Ich werde nie Erfolg haben.
- ☐ Für mich gibt es keine Aufstiegschancen.
- ☐ Meine Arbeit wird schlecht bezahlt.

Schauen wir uns nun an, wie es um Ihr Denken im beruflichen Bereich bestellt ist. Unsere Jobs und die Arbeit, die wir tun, sind ein Spiegelbild unseres Selbstwertgefühls und unseres Werts für die Welt. Einerseits ist Arbeit ein Austausch von Zeit und Dienstleistung gegen Geld. Ich betrachte es gerne so: Alle Arten von Geschäftsbeziehungen sind für uns Gelegenheiten, zum gegenseitigen Wohl und Segen beizutragen.

Welche Art von Arbeit wir ausüben, ist wichtig für uns, weil wir einzigartige Individuen sind. Wir möchten das Gefühl haben, etwas von Wert zum Leben beizutragen. Wir wollen unsere individuellen Talente, unsere Intelligenz und unsere schöpferischen Fähigkeiten zum Ausdruck bringen.

Es kann im beruflichen Bereich viele Probleme geben. Vielleicht kommen Sie mit Ihren Kollegen oder Vorgesetzten nicht zurecht. Vielleicht haben Sie das Gefühl, dass Ihre beruflichen Leistungen nicht anerkannt und gewürdigt werden. Vielleicht warten Sie schon lange auf eine verdiente Beförderung, oder ein anderer bekommt die Stelle, auf die Sie sich beworben haben.

Ganz gleich, wie Ihre momentane berufliche Situation aussehen mag, Ihr Denken hat Sie dorthin gebracht. Die Menschen in Ihrer Umgebung spiegeln Ihnen lediglich, was *Sie* im Leben zu verdienen glauben.

Gedanken lassen sich verändern, und Situationen kann man ebenfalls verändern. Jener Vorgesetzte, den wir unerträglich finden, kann zu unserem Mentor werden. Der Job, von dem wir glauben, er sei hinderlich für unsere Karriere, kann uns plötzlich ungeahnte Möglichkeiten eröffnen. Der Kollege, über den wir uns ständig ärgern, kann zu einem Freund werden, oder zumindest können wir lernen, mit

ihm besser auszukommen. Unser Einkommen, das uns viel zu niedrig erscheint, kann unverhofft ansteigen. Wir können eine wunderbare neue Arbeit finden.

Wenn wir unser Denken ändern, tun sich uns unendliche Möglichkeiten auf. Öffnen wir uns also für alle diese Chancen. Dazu ist es erforderlich, bewusst zu akzeptieren, dass uns Fülle und Erfüllung von überallher zufließen können. Zunächst sind es oft nur kleine Veränderungen. Vielleicht teilt Ihnen Ihr Chef eine zusätzliche Aufgabe zu, bei der Sie Ihre Intelligenz und Kreativität unter Beweis stellen können. Wenn Sie aufhören, bestimmte Kollegen als Feinde zu betrachten, wird sich deren Verhalten Ihnen gegenüber spürbar verändern.

Welche Veränderungen sich auch einstellen mögen, freuen Sie sich daran. Sie sind nicht allein. Sie selbst *sind* der Wandel. Die Macht, von der Sie erschaffen wurden, hat Ihnen die Macht verliehen, Ihre eigenen Erfahrungen selbst zu erschaffen!

ÜBUNG

DIE EIGENE MITTE FINDEN

Nehmen wir uns einen Moment Zeit, um die eigene Mitte zu finden.

* Legen Sie Ihre rechte Hand auf den Unterbauch. Stellen Sie sich vor, dass dieser Bereich Ihre Mitte ist, das Zentrum Ihres Seins. Atmen Sie.

* Schauen Sie wieder in den Spiegel und sagen Sie: *»Ich löse mich jetzt von dem Bedürfnis, bei der Arbeit unglücklich zu sein.«*

* Wiederholen Sie diesen Satz zweimal. Sagen Sie ihn jedes Mal auf andere Art. Es geht darum, mehr Bereitschaft zur Veränderung zu entwickeln.

ÜBUNG

DENKEN SIE ÜBER IHRE
BERUFLICHE SITUATION NACH

1. Wenn Ihnen alle Möglichkeiten offenstünden, was würden Sie gerne tun?

2. Was wäre Ihr absoluter Traumjob?

3. Was würden Sie an Ihrer momentanen Arbeit gerne ändern?

4. Was würden Sie an Ihrem Arbeitgeber gerne ändern?

5. Arbeiten Sie in einem angenehmen Umfeld?

6. Welchem Menschen in Ihrem Berufsleben sollten Sie unbedingt vergeben?

Affirmationen für den Beruf

Spiegelarbeit

* Setzen Sie sich vor Ihren Spiegel und atmen Sie tief durch. Zentrieren Sie sich.

* Sprechen Sie nun mit den Personen auf Ihrer Arbeitsstelle, über die Sie sich besonders ärgern. Sagen Sie ihnen, warum Sie wütend auf sie sind und wie sehr ihr Verhalten Sie verletzt hat. Reden Sie sich alles von der Seele – halten Sie nichts zurück! Erklären Sie ihnen, welches Verhalten Sie in Zukunft von ihnen erwarten, und vergeben Sie ihnen, dass sie nicht so sind, wie Sie es gerne hätten.

* Atmen Sie tief durch. Sagen Sie ihnen, dass Sie von ihnen mit Respekt behandelt werden wollen, und bieten Sie an, sich ihnen gegenüber ebenso zu verhalten.

* Bejahen Sie eine harmonische zwischenmenschliche Atmosphäre am Arbeitsplatz.

Liebevolles Segnen

Ein machtvolles Werkzeug zur Verbesserung der beruflichen Situation ist das liebevolle Segnen.

* Senden Sie es voraus, bevor Sie auf Ihrer Arbeitsstelle eintreffen.

* Segnen Sie dort jeden Menschen, Raum und Gegenstand. Wenn Sie Probleme mit Kollegen, Chefs, Lieferanten, aber auch mit solchen Dingen wie beispielsweise der Temperatur im Firmengebäude haben, segnen Sie die Person oder den Gegenstand liebevoll.

* Affirmieren Sie, dass zwischen Ihnen und der Person, dem Gegenstand oder der Situation perfektes Einvernehmen und Harmonie herrschen:

»Ich befinde mich in perfekter Harmonie mit meinem Arbeitsumfeld und allen Menschen dort.«

»Ich arbeite stets unter harmonischen, angenehmen Bedingungen.«

»Ich achte und respektiere alle Menschen, und sie achten und respektieren mich.«

»Ich segne diese Situation liebevoll und weiß, dass sie sich zum höchsten Wohl aller Beteiligten entfaltet.«

»Ich segne dich liebevoll und überantworte dich der Liebe und Weisheit des Universums.«

»Ich segne meinen gegenwärtigen Job und bejahe, dass sich ein geeigneter Nachfolger für mich findet, sodass ich frei bin für eine wunderbare neue berufliche Möglichkeit.«

✳ Wählen Sie eine dieser Affirmationen oder passen Sie sie an Ihre spezielle berufliche Situation an und wiederholen Sie sie immer wieder. Immer wenn Ihnen eine scheinbar schwierige Person oder Situation in den Sinn kommt, wiederholen Sie die Affirmation. Eliminieren Sie die negative Energie aus Ihrem Bewusstsein. Mithilfe Ihrer Gedanken können Sie Ihre Erfahrungen verändern.

ÜBUNG

SELBSTACHTUNG IM BERUF

Nun wollen wir untersuchen, wie es im beruflichen Bereich um Ihr Selbstwertgefühl bestellt ist.

✱ Beantworten Sie die folgenden Fragen und schreiben Sie nach jeder Antwort eine Affirmation (in der Gegenwartsform).

1. Habe ich das Gefühl, Erfolg und Erfüllung im Beruf zu verdienen?

   BEISPIEL-ANTWORT:

   Manchmal fühle ich mich nicht gut genug.

   BEISPIEL-AFFIRMATION:

   Ich bin allen Herausforderungen gewachsen und entfalte freudig meine Talente.

2. Was ist meine größte Angst im beruflichen Bereich?

   BEISPIEL-ANTWORT:

   Mein Arbeitgeber wird herausfinden, dass ich nicht gut genug für den Job bin. Dann werde ich gefeuert und finde keine neue Stelle.

BEISPIEL-AFFIRMATION:

*Ich ruhe entspannt in meiner Mitte und nehme die
Vollkommenheit meines Lebens dankbar an. Alles
ist gut.*

3. Welchen »Nutzen« bringt mir dieser Glaubenssatz?

BEISPIEL-ANTWORT:

Ich versuche, es bei der Arbeit allen recht zu
machen, und mache aus meinem Chef einen
Vaterersatz.

BEISPIEL-AFFIRMATION:

*Durch mein eigenes Denken erschaffe ich meine
Erfahrungen. Ich verfüge über die grenzenlose
Fähigkeit, in meinem Leben Gutes zu erschaffen.*

4. Was könnte geschehen, wenn ich diesen Glaubenssatz aufgebe?

BEISPIEL-ANTWORT:

Ich müsste erwachsen werden und Verantwortung
übernehmen.

BEISPIEL-AFFIRMATION:

*Ich weiß, dass ich ein wertvoller Mensch bin. Ich kann
gefahrlos erfolgreich sein. Das Leben liebt mich.*

Visualisierungsübung

* Was wäre der perfekte Job für Sie? Nehmen Sie sich einen Moment Zeit, sich auszumalen, wie Sie diese Tätigkeit ausüben. Visualisieren Sie diese perfekte Arbeitsumgebung. Sehen Sie Ihre Kollegen oder Geschäftspartner. Wie fühlt es sich an, eine Arbeit zu tun, bei der Sie echte Erfüllung finden – und ein gutes Einkommen erzielen?

* Erhalten Sie diese Vision aufrecht und vergegenwärtigen Sie sich immer wieder, dass sie in Ihrem Geist bereits Realität ist.

Affirmationen für den Beruf 121

*N*achfolgend werden die Aussagen vom Beginn dieses Kapitels wiederholt, zusammen mit einer Affirmation, die zu dem jeweiligen Glaubenssatz passt.

✻ Machen Sie diese Affirmationen zum festen Bestandteil Ihres Tagesablaufs. Wiederholen Sie sie möglichst oft laut oder in Gedanken: im Auto, bei der Arbeit, während Sie in den Spiegel schauen oder jedes Mal, wenn ein negativer Glaubenssatz zum Vorschein kommt.

Ich hasse meinen Job.
Ich freue mich an meiner Arbeit und den Menschen, mit denen ich arbeite.

Meine Arbeit ist so stressig.
Ich bin bei der Arbeit immer entspannt.

Niemand erkennt meine Leistungen an.
Meine Arbeit wird allgemein anerkannt und gewürdigt.

Ich bekomme immer nur Jobs, die sich als Sackgasse für meine Karriere entpuppen.
Ich verwandle jede Erfahrung in eine günstige Gelegenheit, mich weiterzuentwickeln und meine Talente zu entfalten.

Mein Chef ist ein Ekel.

Alle meine Vorgesetzten behandeln mich freundlich und respektvoll.

Meine Vorgesetzten verlangen Unmögliches von mir.

Ich bin tüchtig, kompetent und stets zur rechten Zeit am rechten Ort.

Meine Kollegen treiben mich in den Wahnsinn.

Ich sehe in allen Menschen nur das Beste, und sie reagieren dementsprechend auf mich.

Auf meiner jetzigen Arbeitsstelle kann ich meine Kreativität nicht entfalten.

Durch mein Denken erschaffe ich mir wunderbare neue Möglichkeiten.

Ich werde nie Erfolg haben.

Alles, was ich anfange, wird ein Erfolg.

Für mich gibt es keine Aufstiegschancen.

Ständig öffnen sich für mich neue Türen.

Meine Arbeit wird schlecht bezahlt.

Ich bin offen und empfangsbereit dafür, dass Wohlstand reichlich in mein Leben strömt.

»*ICH GEBE MIR DIE ERLAUBNIS, KREATIVE ERFÜLLUNG ZU FINDEN.*«

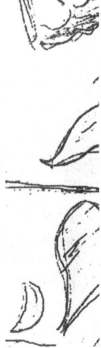

BEHANDLUNG
FÜR BERUFLICHEN ERFOLG

Ich bin eins mit dem Leben, und alles Leben liebt und unterstützt mich. Daher beanspruche ich für mich bestmögliche und erfüllende schöpferische Selbstentfaltung. Meine Arbeit schenkt mir tiefe Erfüllung. Ich werde geliebt, wertgeschätzt und respektiert. Ich identifiziere mich nicht mit meinen Eltern und deren Denkmustern bezüglich Arbeit und Beruf. Ich bin mein eigenes, einzigartiges Selbst und ich entscheide mich dafür, einer Arbeit nachzugehen, die mir nicht nur ein gutes Einkommen einbringt, sondern vor allem Zufriedenheit. Meiner Arbeit nachzugehen ist jetzt eine Freude für mich. Das ist die Wahrheit meines Seins, und ich akzeptiere sie jetzt. Alles ist gut in meinem Berufsleben.

Affirmationen für mehr Geld und Wohlstand

»Unendlicher Wohlstand ist mein,
und ich teile ihn gerne mit der Welt.
Ich bin gesegnet.«

WOHLSTANDS-CHECKLISTE

Welche der folgenden Aussagen treffen auf Sie zu? Am Ende dieses Kapitels werden Sie in der Lage sein, jedem dieser negativen Gedanken einen positiven entgegenzusetzen.

☐ Ich kann einfach kein Geld sparen.

☐ Ich verdiene nicht genug.

☐ Ich bekomme keinen Kredit.

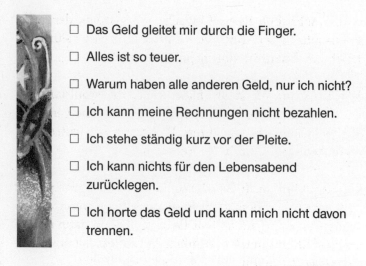

- ☐ Das Geld gleitet mir durch die Finger.
- ☐ Alles ist so teuer.
- ☐ Warum haben alle anderen Geld, nur ich nicht?
- ☐ Ich kann meine Rechnungen nicht bezahlen.
- ☐ Ich stehe ständig kurz vor der Pleite.
- ☐ Ich kann nichts für den Lebensabend zurücklegen.
- ☐ Ich horte das Geld und kann mich nicht davon trennen.

Was glauben Sie zum Thema Geld? Glauben Sie, dass genug für alle da ist? Machen Sie Ihr Selbstwertgefühl vom Geld abhängig? Glauben Sie, dass Sie Geld brauchen, um sich Ihre Herzenswünsche zu erfüllen? Ist das Geld für Sie Freund oder Feind?

Einfach nur mehr Geld zu haben genügt nicht. Wir müssen lernen, das Geld, das wir haben, zu genießen, und wir müssen glauben, dass wir es *wert* sind, in Wohlstand zu leben.

Viel Geld zu besitzen ist noch keine Garantie dafür, sich wohlhabend zu fühlen. Manche Menschen besitzen viel Geld und sind dennoch in Armutsdenken gefangen. Wenn Ihnen die Fähigkeit fehlt, sich an Ihrem Geld zu freuen und in einer Welt der Fülle zu leben, können Sie größere Angst vor Armut haben als ein Obdachloser. Sokrates, der große Philosoph, hat einst gesagt: »Zufriedenheit ist natürlicher Reichtum. Luxus ist künstliche Armut.«

Wie ich schon oft gesagt habe, hängt Ihr Wohlstandsbewusstsein nicht davon ab, über wie viel Geld Sie verfügen. Vielmehr hängt es von Ihrem Wohlstandsbewusstsein ab, ob und wie viel Geld in Ihr Leben strömt.

Unser Streben nach Geld *muss* zu unserer Lebensqualität beitragen. Wenn dem nicht so ist – das heißt, wenn wir die Tätigkeit hassen, mit der wir Geld verdienen, dann ist dieses Geld für uns nutzlos. Wohlhabend zu sein hat etwas mit *Lebensqualität* zu tun.

Deshalb ist Wohlstand nicht allein eine Frage des Geldes. Dazu gehören genug Zeit, Liebe, Erfolg, Freude, Wohlgefühl, Schönheit und Weisheit. Vielleicht sind Sie arm, was die Zeit angeht, über die Sie verfügen. Wenn Sie sich ge-

hetzt, gestresst und unter ständigem Zeitdruck fühlen, dann leiden Sie unter Zeit-Armut. Wenn Sie dagegen das Gefühl haben, dass Sie alle Zeit haben, die Sie benötigen, um die anstehenden Aufgaben zu bewältigen und Ihre Arbeit gut und mit Freude zu erledigen, dann sind Sie wohlhabend, was Ihre Zeit angeht.

Oder wie steht es mit dem Erfolg? Glauben Sie, dass Erfolg für Sie völlig unerreichbar ist? Oder fühlen Sie, dass alles, was Sie unternehmen, zum Erfolg wird, dass der Erfolg gewissermaßen Ihr natürlicher Zustand ist? Wenn das der Fall ist, sind Sie reich im Hinblick auf Erfolg.

Was immer Sie zum Thema Geld und Wohlstand glauben, jede dieser Glaubensüberzeugungen lässt sich ändern, und zwar *jetzt*. Die Macht, von der Sie erschaffen wurden, hat *Ihnen* die Macht verliehen, Ihre Erfahrungen selbst zu erschaffen. Und das heißt, Sie können sich ändern!

Spiegelarbeit

* Stellen Sie sich mit ausgebreiteten Armen vor den Spiegel und sagen Sie:

    »Ich bin offen und empfangsbereit für alles Gute.«

    Wie fühlt sich das an?

* Schauen Sie wieder in den Spiegel und sagen Sie das noch einmal, diesmal mit mehr Gefühl.

    Welche Emotionen löst das in Ihnen aus? Es fühlt sich befreiend an, nicht wahr?

* Machen Sie diese Übung jeden Morgen. Sie ist eine wunderbare symbolische Geste, die Ihr Wohlstandsbewusstsein stärkt und mehr Gutes in Ihr Leben bringt.

ÜBUNG

IHRE GEFÜHLE BEZÜGLICH GELD

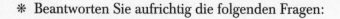

Schauen wir uns an, wie es in diesem Bereich um Ihr Selbstwertgefühl bestellt ist.

✻ Beantworten Sie aufrichtig die folgenden Fragen:

1. Stellen Sie sich wieder vor den Spiegel. Schauen Sie sich in die Augen und sagen Sie:

   »*Meine größte Angst beim Thema Geld ist* _____
   _____.«

   Schreiben Sie die Antwort auf und notieren Sie auch, warum Sie sich so fühlen.

2. Was haben Sie als Kind über das Geld gelernt?

3. Sind Ihre Eltern in wirtschaftlich schwierigen Verhältnissen aufgewachsen? Welche Ansichten hatten oder haben sie bezüglich Geld und Wohlstand?

4. Wie wurde in Ihrer Familie mit Geld umgegangen?

5. Wie gehen Sie heute mit Geld um?

6. Was würden Sie gerne an Ihrem Geld-Bewusstsein verändern?

Übung

IHR GELD-BEWUSSTSEIN

Nun wollen wir Ihr Selbstwertgefühl
im finanziellen Bereich genauer untersuchen.

✳ Beantworten Sie die folgenden Fragen so gut es
geht. Ersetzen Sie jeden negativen Glaubenssatz
durch eine in der Gegenwartsform formulierte positive Affirmation.

1. Verdiene ich es, Geld zu besitzen und es zu genießen?

BEISPIEL-ANTWORT:

Nicht wirklich. Das Geld bleibt nie lange bei mir.
Es gleitet mir durch die Finger.

BEISPIEL-AFFIRMATION:

*Ich segne das Geld, das ich besitze. Es ist gut und
sicher, Geld zu sparen und es für mich arbeiten
zu lassen.*

2. Was ist bezüglich des Geldes meine größte Angst?

BEISPIEL-ANTWORT:

Ich habe Angst, ständig pleite zu sein.

BEISPIEL-AFFIRMATION:

Ich akzeptiere jetzt die unendliche Fülle eines unendlichen Universums.

3. Welchen »Nutzen« bringt mir dieser Glaubenssatz?

BEISPIEL-ANTWORT:

Ich kann arm bleiben, sodass andere sich um mich kümmern müssen.

BEISPIEL-AFFIRMATION:

Ich beanspruche meine Macht und erschaffe liebevoll meine Realität. Ich vertraue auf den Lauf des Lebens.

4. Was könnte geschehen, wenn ich diesen Glaubenssatz aufgebe?

BEISPIEL-ANTWORT:

Niemand wird mich lieben und sich um mich kümmern.

BEISPIEL-AFFIRMATION:

Ich bin jederzeit sicher und geborgen, und das Universum liebt und erhält mich.

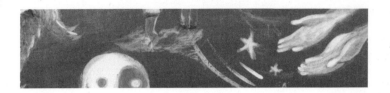

ÜBUNG

WIE SIE MIT GELD UMGEHEN

* Schreiben Sie drei Beispiele auf, wo Sie Ihren Umgang mit Geld problematisch finden. Vielleicht machen Sie ständig neue Schulden, können kein Geld sparen oder, wenn Sie Geld haben, können es nicht genießen und sich daran freuen.

BEISPIEL-ANTWORT:

Ich kritisiere mich dafür, *dass ich zwanghaft Geld ausgebe und ständig verschuldet bin. Ich kann meine Kauflust einfach nicht bändigen.*

* Denken Sie nun in allen drei Bereichen an eine Situation, in der Sie das unerwünschte Verhalten nicht an den Tag gelegt haben.

BEISPIEL-AFFIRMATION:

Ich lobe mich dafür, *dass ich heute meine Miete bezahlt habe. Es ist der Monatserste, und ich habe meine Miete pünktlich überwiesen.*

Visualisierungsübung

* Legen Sie Ihre Hand auf Ihr Herz, atmen Sie ein paarmal tief durch und entspannen Sie sich. Erinnern Sie sich nun an Ihr schlimmstes Erlebnis zum Thema Geld. Vielleicht haben Sie Geld geliehen, das Sie nicht zurückzahlen konnten, etwas gekauft, was Sie sich nicht leisten konnten, oder Sie mussten Konkurs anmelden. Visualisieren Sie sich selbst zu dem Zeitpunkt, als Sie diese Verhaltensweisen an den Tag legten, die Sie so verwerflich finden – *und lieben Sie diesen Menschen, der Sie damals waren.* Sehen Sie sich die Dinge an, die Ihnen heute peinlich sind, und lieben Sie diesen Menschen.

* Und wie wäre es, all die Dinge zu besitzen, die Sie sich schon immer gewünscht haben? Was würden Sie tun? Wie würden Sie leben? Fühlen Sie es. Genießen Sie es. Seien Sie kreativ und haben Sie Spaß dabei!

Nachfolgend werden die Aussagen vom Beginn dieses Kapitels wiederholt, zusammen mit einer Affirmation, die zu dem jeweiligen Glaubenssatz passt.

* Machen Sie diese Affirmationen zum festen Bestandteil Ihres Tagesablaufs. Wiederholen Sie sie möglichst oft laut oder in Gedanken: im Auto, bei der Arbeit, während Sie in den Spiegel schauen oder jedes Mal, wenn ein negativer Glaubenssatz zum Vorschein kommt.

Ich kann einfach kein Geld sparen.

Ich verdiene es, immer genug Geld auf der Bank zu haben.

Ich verdiene nicht genug.

Mein Einkommen wächst stetig.

Ich bekomme keinen Kredit.

Meine Kreditwürdigkeit wird immer besser und besser.

Das Geld gleitet mir durch die Finger.

Ich gebe mein Geld auf kluge Weise aus.

Alles ist so teuer.

Ich habe immer genug Geld für alle meine Bedürfnisse.

Warum haben alle anderen Geld, nur ich nicht?

Über wie viel Geld ich verfüge, hängt ausschließlich von meinem Denken ab. Ich habe so viel, wie ich zu verdienen glaube.

Ich kann meine Rechnungen nicht bezahlen.

Ich segne alle Rechnungen liebevoll. Ich bezahle sie rechtzeitig.

Ich stehe ständig kurz vor der Pleite.

Ich bin stets mit ausreichenden finanziellen Mitteln gesegnet.

Ich kann nichts für den Lebensabend zurücklegen.

Voller Freude sorge ich für meine späten Jahre vor.

Ich horte das Geld und kann mich nicht davon trennen.

Ich spare gern, Einnahmen und Ausgaben stehen bei mir in einem gesunden Verhältnis, und ich verstehe es, mein Leben auf harmonische Weise zu genießen.

»ICH GEBE MIR DIE ERLAUBNIS, IN WOHLSTAND UND FÜLLE ZU LEBEN.«

BEHANDLUNG FÜR WOHLSTAND UND FÜLLE

Ich bin eins mit dem Leben, und alles Leben liebt und unterstützt mich. Daher beanspruche ich für mich einen reichen Anteil an der Fülle des Lebens. Ich erlebe Fülle in jeder Hinsicht – Reichtum an Zeit, Liebe, Freude, Annehmlichkeiten, Schönheit, Weisheit, Erfolg und Geld. Ich identifiziere mich nicht mit meinen Eltern und deren Denkmustern bezüglich Geld und Reichtum. Ich bin mein eigenes, einzigartiges Selbst und ich entscheide mich dafür, offen und empfangsbereit zu sein für Reichtum und Fülle jeder Art. Mein Einkommen wächst stetig, und mein Leben lang werde ich gedeihen und wohlhabend sein. Das ist die Wahrheit meines Seins, und ich akzeptiere sie jetzt. Alles ist gut in meiner reichen, prosperierenden Welt.

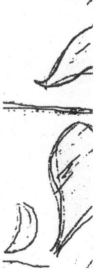

Affirmationen für gute Freundschaften

»Ich bin mir selbst ein guter Freund.«

FREUNDSCHAFTS-CHECKLISTE

Welche der folgenden Aussagen treffen auf Sie zu? Am Ende dieses Kapitels werden Sie in der Lage sein, jedem dieser negativen Gedanken einen positiven entgegenzusetzen.

☐ Meine Freunde unterstützen mich nicht.

☐ Alle beurteilen sich stets gegenseitig.

☐ Niemand sieht die Dinge so wie ich.

☐ Meine Grenzen werden nicht respektiert.

☐ Ich kann keine dauerhaften Freundschaften aufbauen.

☐ Meine Freunde dürfen nicht wissen, wie ich wirklich bin.

☐ Ich gebe meinen Freunden gute Ratschläge, doch sie danken es mir nicht.

☐ Ich weiß nicht, wie man anderen ein guter Freund ist.

☐ Ich weiß nicht, wie ich meine Freunde um Hilfe bitten soll.

☐ Ich kann Freunden gegenüber nicht Nein sagen.

Freundschaften können unsere wichtigsten und dauerhaftesten zwischenmenschlichen Beziehungen sein. Wir können ohne Liebes- oder Ehepartner leben. Wir können ohne enge Verwandte leben. Aber ohne Freunde können die meisten von uns nicht glücklich sein. Ich glaube, dass wir uns unsere Eltern vor der Geburt auf diesem Planeten selbst aussuchen, aber unsere Freunde wählen wir auf einer bewussteren Ebene.

Ralph Waldo Emerson, der große amerikanische Philosoph und Schriftsteller, bezeichnete in einem Essay die Freundschaft als den »Nektar Gottes«. In romantischen Liebesbeziehungen, so schrieb er, versuche immer ein Partner, den anderen zu verändern, aber Freunde könnten einen Schritt zurücktreten und einander mit Wertschätzung und Respekt betrachten.

Freunde können Erweiterung und Ersatz für die Kernfamilie sein. Fast alle von uns haben ein starkes Bedürfnis, mit anderen über ihre Erfahrungen und Erlebnisse zu sprechen. Nicht nur lernen wir mehr über andere Menschen, wenn wir Freundschaften eingehen, wir erfahren auch mehr über uns selbst. Freunde spiegeln uns, wie es um unser Selbstwertgefühl bestellt ist. Sie bieten uns die perfekte Möglichkeit, uns selbst anzuschauen und zu erkennen, in welchen Lebensbereichen wir dringend dazulernen und uns weiterentwickeln sollten.

Wenn es in unseren Freundschaften zu Spannungen kommt, sollten wir das zum Anlass nehmen, nach negativen Botschaften aus unserer Kindheit zu suchen. Vermutlich ist es Zeit für einen emotionalen Hausputz. Wenn Sie, nachdem Sie jahre- oder jahrzehntelang ein Leben voller negativer Botschaften geführt haben, Ihr mentales Haus reinigen, ist das, als würden Sie mit gesunder Ernährung beginnen, nachdem Sie sich ein Leben lang von Junkfood ernährt haben. Wenn Sie Ihre Diät ändern, wird Ihr Körper die toxischen Ablagerungen ausscheiden, und dann fühlen Sie sich für ein oder zwei Tage zunächst schlechter als vorher.

So ist es auch, wenn Sie Ihre gewohnten Denkmuster verändern. Es kann sein, dass sich Ihre Lebensumstände dann anfangs verschlimmern – wahrscheinlich müssen Sie erst eine Menge Unkraut jäten, ehe Sie zu dem fruchtbaren Boden darunter gelangen. Aber Sie können es! Ich weiß, dass Sie es können!

ÜBUNG

IHRE FREUNDSCHAFTEN

* Schreiben Sie die folgende Affirmation dreimal hintereinander und beantworten Sie dann die unten stehenden Fragen.

»Ich bin bereit, alle inneren Muster aufzugeben, die meine Freundschaften belasten und allgemein zu problematischen zwischenmenschlichen Beziehungen führen.«

1. Wie waren Ihre ersten Sandkastenfreundschaften?

2. In welcher Weise ähneln Ihre heutigen Freundschaften jenen frühen Kinderfreundschaften?

3. Was haben Sie zum Thema Freundschaft von Ihren Eltern gelernt?

4. Welche Art von Freunden haben/hatten Ihre Eltern?

5. Welche Menschen wünschen Sie sich in Zukunft als Freunde? Beschreiben Sie die Eigenschaften dieser Menschen möglichst genau.

ÜBUNG

SELBSTWERTGEFÜHL UND FREUNDSCHAFT

Nun schauen wir uns an, wie es beim Thema Freundschaft um Ihr Selbstwertgefühl bestellt ist.

✻ Beantworten Sie die nachfolgenden Fragen. Schreiben Sie dann jeweils eine positive Affirmation (in der Gegenwartsform), um den alten Glaubenssatz zu ersetzen.

1. Verdiene ich es, gute Freunde zu haben?

   BEISPIEL-ANTWORT:

   Nein. Warum sollte jemand mich gern haben?

   BEISPIEL-AFFIRMATION:

   Ich liebe und akzeptiere mich und ich ziehe gute Freunde magnetisch an.

144 Finde Deine Lebenskraft

2. Was ist beim Thema Freundschaft meine größte
   Angst?

BEISPIEL-ANTWORT:

Ich fürchte mich davor, enttäuscht zu werden.
Ich glaube, dass ich niemandem wirklich
vertrauen kann.

BEISPIEL-AFFIRMATION:

*Ich vertraue mir selbst, ich vertraue auf das Leben
und ich vertraue meinen Freunden.*

3. Welchen »Nutzen« bringt mir dieser Glaubenssatz?

BEISPIEL-ANTWORT:

Ich kann andere bewerten und beurteilen.
Ich warte nur darauf, dass meine Freunde einen
Fehler machen, dann kann ich sie kritisieren.

BEISPIEL-AFFIRMATION:

*Alle meine Freundschaften sind erfolgreich. Ich bin
ein liebevoller, einfühlsamer Freund.*

4. Was könnte geschehen, wenn ich diesen Glaubenssatz aufgebe?

BEISPIEL-ANTWORT:

Ich hätte die Situation nicht mehr unter Kontrolle.

Ich würde andere Menschen wirklich an mich heranlassen müssen.

BEISPIEL-AFFIRMATION:

Andere zu lieben ist leicht, wenn ich mich selbst liebe und akzeptiere.

Wenn wir alle für die Erfahrungen in unserem Leben selbst verantwortlich sind, dann gibt es niemanden, dem wir die Schuld in die Schuhe schieben können, wenn die Dinge für uns nicht so laufen, wie wir uns das wünschen. Alles, was »dort draußen« geschieht, ist lediglich ein Spiegelbild unseres eigenen Denkens.

146 Finde Deine Lebenskraft

ÜBUNG

DENKEN SIE ÜBER IHRE FREUNDE NACH

* Denken Sie an drei Erfahrungen in Ihrem Leben,
bei denen Sie von Freunden betrogen oder enttäuscht wurden. Vielleicht kam es vor, dass Freunde Ihr Vertrauen missbrauchten oder Sie im Stich
ließen, als Sie ihre Hilfe gebraucht hätten. Oder ein
Freund hat versucht, Ihnen den Partner oder die
Partnerin auszuspannen.

* Benennen Sie alle drei Erlebnisse und notieren Sie die Gedanken, die Sie in der Zeit vor
dem Vorfall hatten.

BEISPIEL-ERLEBNIS:

*Als ich sechzehn Jahre alt war, wandte sich meine
beste Freundin Susie plötzlich gegen mich und ver-
breitete böse Gerüchte über mich. Als ich sie deswe-
gen zur Rede stellte, log sie mich an. Während dieses
ganzen Schuljahrs war ich ohne Freundinnen.*

BEISPIEL-GEDANKEN:

Ich glaubte, keine wirklichen Freundinnen zu verdienen.
Ich fühlte mich von Susie angezogen, weil sie kühl war
und mich ständig kritisierte. Ich war es von zu Hause her
gewohnt, beurteilt und kritisiert zu werden.

ÜBUNG

UNTERSTÜTZUNG DURCH DIE FREUNDE

* Denken Sie nun an drei Beispiele, wo Sie von Freunden Hilfe und Unterstützung erhielten. Vielleicht hat Ihnen ein guter Freund Geld geliehen, als Sie es dringend benötigten. Oder eine Freundin war Ihnen während einer seelischen Krise eine große Hilfe.

* Benennen Sie alle drei Erlebnisse und notieren Sie die Gedanken, die Sie in der Zeit vor dem Vorfall hatten.

BEISPIEL-ERLEBNIS:

Ich werde niemals Helen vergessen. Als die Kollegen an meiner ersten Arbeitsstelle sich über mich lustig machten, weil ich bei einer Besprechung etwas Dummes gesagt hatte, sprang Helen mir bei und verteidigte mich. Sie half mir, meine Schüchternheit zu überwinden. Ohne sie hätte ich die Probezeit nicht überstanden und keine Festanstellung erhalten.

MEINE TIEFSTEN GEDANKEN WAREN:

Selbst wenn ich einen Fehler mache, wird mir immer jemand helfen. Ich verdiene es, unterstützt zu werden. Frauen unterstützen mich.

Visualisierungsübung

* Welche Menschen haben sich als gute Freunde erwiesen und verdienen dafür Ihre Anerkennung? Nehmen Sie sich einen Moment Zeit, um sie zu visualisieren. Schauen Sie diesen Menschen in die Augen und sagen Sie:

    »Ich danke dir und segne dich liebevoll dafür, dass du da warst, als ich dich brauchte. Möge dein Leben von Freude erfüllt sein.«

* Welchen Freunden sollten Sie unbedingt verzeihen? Nehmen Sie sich einen Moment Zeit, um sie zu visualisieren. Schauen Sie diesen Menschen in die Augen und sagen Sie:

    »Ich verzeihe dir, dass du dich nicht so verhalten hast, wie ich es von dir erwartete. Ich vergebe dir und gebe dich frei.«

Affirmationen für gute Freundschaften 149

Nachfolgend werden die Aussagen vom Beginn dieses Kapitels wiederholt, zusammen mit einer Affirmation, die zu dem jeweiligen Glaubenssatz passt.

* Machen Sie diese Affirmationen zum festen Bestandteil Ihres Tagesablaufs. Wiederholen Sie sie möglichst oft laut oder in Gedanken: im Auto, bei der Arbeit, während Sie in den Spiegel schauen oder jedes Mal, wenn ein negativer Glaubenssatz zum Vorschein kommt.

Meine Freunde unterstützen mich nicht.

Meine Freunde sind liebevoll und hilfsbereit.

Alle beurteilen sich stets gegenseitig.

Ich löse mich von dem Bedürfnis, mich selbst und andere zu beurteilen und zu kritisieren. Wenn ich selbst dieses Verhalten aufgebe, verschwinden kritiksüchtige Menschen aus meinem Leben.

Niemand sieht die Dinge so wie ich.

Ich bin aufgeschlossen für andere Meinungen und Standpunkte.

Meine Grenzen werden nicht respektiert.

Ich respektiere andere Menschen, und sie respektieren mich.

Ich kann keine dauerhaften Freundschaften aufbauen.

*Die Liebe und Akzeptanz, die ich meinen Mitmen-
schen entgegenbringe, lässt dauerhafte Freundschaften
entstehen.*

Meine Freunde dürfen nicht wissen, wie ich wirklich
bin.

*Es ist völlig ungefährlich für mich, aufrichtig und offen
zu sein.*

Ich gebe meinen Freunden gute Ratschläge, doch
sie danken es mir nicht.

*Ich lasse meine Freunde in Ruhe. Sie und ich haben
die völlige Freiheit, wir selbst zu sein.*

Ich weiß nicht, wie man anderen ein guter Freund ist.

Ich lasse mich von meiner inneren Weisheit leiten.

Ich weiß nicht, wie ich meine Freunde um Hilfe
bitten soll.

Ich kann gefahrlos meine Wünsche äußern.

Ich kann Freunden gegenüber nicht Nein sagen.

*Ich lasse diese einengenden Vorstellungen hinter mir
und stehe aufrichtig zu mir und meinen Wünschen.*

*»ICH GEBE MIR DIE ERLAUBNIS, ANDEREN EIN GUTER
FREUND/EINE GUTE FREUNDIN ZU SEIN.«*

BEHANDLUNG FÜR GUTE FREUNDSCHAFTEN

Ich bin eins mit dem Leben, und alles Leben liebt und unterstützt mich. Daher beanspruche ich für mich einen frohen, liebevollen Freundeskreis. Gemeinsam, und jeder für sich allein, haben wir eine wunderbare Zeit. Ich identifiziere mich nicht mit meinen Eltern und deren Denk- und Verhaltensmustern im Umgang mit anderen Menschen. Ich bin mein eigenes, einzigartiges Selbst und ich entscheide mich dafür, nur liebevolle, mitfühlende und hilfsbereite Menschen in meine Welt zu lassen. Wohin ich auch gehe, überall begegnet man mir mit Wärme und mit Freundlichkeit. Ich verdiene nur die besten Freunde und lasse es zu, dass mein Leben erfüllt ist von Liebe und Freude. Das ist die Wahrheit meines Seins, und ich akzeptiere sie jetzt. Alles ist gut in meiner freundlichen Welt.

Affirmationen für Liebe und Nähe

»Liebe umgibt mich.
Ich bin liebenswert, liebesfähig
und werde geliebt.«

LIEBES-CHECKLISTE

Welche der folgenden Aussagen treffen auf Sie zu? Am Ende dieses Kapitels werden Sie in der Lage sein, jedem dieser negativen Gedanken einen positiven entgegenzusetzen.

- ☐ Ich habe Angst vor Zurückweisung.
- ☐ Liebe ist vergänglich.
- ☐ In einer Liebesbeziehung fühle ich mich wie in einem Käfig.

154   Finde Deine Lebenskraft

☐ Liebe macht mir Angst.

☐ Ich muss dann alles so machen, wie es der Partner/die Partnerin von mir erwartet.

☐ Wenn ich auch auf meine eigenen Bedürfnisse achte, zerbricht die Beziehung.

☐ Ich bin eifersüchtig.

☐ In einer Partnerschaft kann ich nicht ich selbst sein.

☐ Ich bin nicht gut genug. Wer sollte mich schon als Partner wollen?

☐ Ich will nicht so eine Ehe, wie meine Eltern sie geführt haben.

☐ Ich weiß nicht, wie man liebt.

☐ Ich werde doch nur wieder verletzt und enttäuscht.

☐ Gegenüber jemandem, den ich liebe, bin ich völlig wehrlos und kann nicht Nein sagen.

☐ Mit mir hält es niemand lange aus.

Affirmationen für Liebe und Nähe 155

Wie haben Sie als Kind Liebe erlebt? Haben Sie erlebt, wie Ihre Eltern einander Liebe und Zuneigung schenkten? Wurden Sie oft umarmt? Oder pflegte man in Ihrer Familie Liebe durch Schreien, Weinen, Türenschlagen, Manipulation, Kontrolle, beleidigtes Schweigen oder Rache auszudrücken?

Wenn das bei Ihnen so war, werden Sie als Erwachsener dazu neigen, ähnliche Erfahrungen zu suchen. Sie werden dann immer wieder auf Menschen treffen, die Sie in den entsprechenden Glaubenssätzen bestärken.

Wenn Sie als Kind nach Liebe suchten, aber immer nur verletzt wurden, dann werden Sie als Erwachsener Schmerz finden statt Liebe … es sei denn, Sie lassen Ihre alten familiären Muster hinter sich und lernen, Ihr Denken zu verändern.

ÜBUNG

IHRE EMPFINDUNGEN ZUM THEMA LIEBE

＊ Beantworten Sie aufrichtig die folgenden Fragen.

1. Wie endete Ihre letzte Liebesbeziehung?

2. Wie endete die Beziehung davor?

3. Denken Sie über Ihre letzten beiden Liebesbeziehungen nach. Was waren die zentralen Probleme zwischen Ihnen und dem Partner/der Partnerin?

4. Inwieweit erinnern diese Probleme Sie an Ihre Beziehung zu Ihrer Mutter, Ihrem Vater oder beiden?

Vielleicht endeten alle Ihre Beziehungen damit, dass Sie vom Partner oder der Partnerin verlassen wurden. Das Bedürfnis in Ihnen, verlassen zu werden, könnte von einer Scheidung herrühren, davon, dass ein Elternteil sich von Ihnen zurückzog, weil Sie seine Erwartungen nicht erfüllten, oder von einem Todesfall in der Familie.

＊ Um das Muster zu verändern, müssen Sie dem betreffenden Elternteil vergeben *und* erkennen, dass Sie nicht an dieses alte Verhaltensmuster gebunden sind. Geben Sie die Person frei, von der Sie es übernommen haben, und befreien Sie damit sich selbst.

Wenn wir alte Gewohnheiten oder Verhaltensmuster ständig wiederholen, geschieht das, weil es in uns ein *Bedürfnis* nach dieser Wiederholung gibt. Das Bedürfnis hängt mit einem von uns gehegten Glaubenssatz zusammen. Gäbe es das Bedürfnis nicht, würden wir dieses Muster nicht aufrechterhalten. Durch Selbstkritik lässt sich ein solches negatives Muster nicht überwinden – das gelingt nur, wenn wir das Bedürfnis erkennen und uns davon frei machen.

Spiegelarbeit

* Schauen Sie sich vor dem Spiegel in die Augen und sagen Sie:

»*Ich bin bereit, mich von dem Bedürfnis nach Beziehungen zu befreien, die mir nicht guttun.*«

* Sagen Sie das fünfmal. Legen Sie bei jeder Wiederholung mehr Gefühl hinein. Denken Sie dabei an einige Ihrer Beziehungen.

ÜBUNG

IHRE BEZIEHUNGEN

✳ Beantworten Sie aufrichtig die folgenden Fragen.

1. Was haben Sie als Kind über die Liebe gelernt?

2. Hatten Sie je einen Chef, der »genau wie« Ihre Mutter oder Ihr Vater war? Worin zeigte sich das?

3. Ähnelt das Verhalten Ihres Partners/Ihrer Partnerin dem Ihres Vaters oder Ihrer Mutter? Worin zeigt sich das?

4. Wem oder was müssten Sie vergeben, um dieses Muster zu verändern?

5. Wenn Sie Ihre Partnerschaft im Licht dieser neuen Erkenntnisse betrachten – welche Wünsche haben Sie dann?

Ihre alten Gedanken und Glaubenssätze werden so lange Ihre Erfahrungen bestimmen, bis Sie sich von ihnen befreien. Ihre zukünftigen Gedanken wurden noch nicht gedacht, und Sie wissen nicht, wie sie aussehen werden. Doch Ihr gegenwärtiges Denken, das, was Sie jetzt im Moment denken, unterliegt völlig Ihrer Kontrolle.

Jeder Mensch entscheidet ganz allein, welche Gedanken er denkt. Es kann sein, dass wir bestimmte Gedanken gewohnheitsmäßig wieder und wieder denken, und dann kommt es uns so vor, als würden wir sie nicht mehr bewusst auswählen. Aber ursprünglich haben wir auch diese Gedanken selbst gewählt. Und wir *können* uns weigern, bestimmte Gedanken zu denken.

Wie oft haben Sie sich schon geweigert, etwas *Positives* über sich selbst zu denken? Nun, genauso gut können Sie sich auch weigern, etwas *Negatives* über sich zu denken. Das braucht nur etwas Übung.

ÜBUNG

LIEBE UND NÄHE

Schauen wir uns diese Glaubenssätze näher an.

* Beantworten Sie die nachfolgenden Fragen. Schreiben Sie dann jeweils eine positive Affirmation (in der Gegenwartsform), um den alten Glaubenssatz zu ersetzen.

1. Verdiene ich es, eine Liebesbeziehung zu haben?

   BEISPIEL-ANTWORT:

   Nein. Niemand würde es lange mit mir aushalten.

   BEISPIEL-AFFIRMATION:

   Ich bin liebenswert und kann ein wunderbarer Lebenspartner sein.

2. Fürchte ich mich vor Liebe und Nähe?

   BEISPIEL-ANTWORT:

   Ja. Ich habe Angst, dass mein Partner/meine Partnerin nicht treu ist.

BEISPIEL-AFFIRMATION:

Ich bin in der Liebe stets sicher und geborgen.

3. Welchen »Nutzen« bringt mir dieser Glaubenssatz?

BEISPIEL-ANTWORT:

Ich vermeide es, das Wagnis wirklicher Intimität einzugehen.

BEISPIEL-AFFIRMATION:

Ich kann gefahrlos mein Herz öffnen und die Liebe hereinlassen.

4. Was könnte geschehen, wenn ich diesen Glaubenssatz aufgebe?

BEISPIEL-ANTWORT:

Ich könnte auf die falsche Person hereinfallen und enttäuscht werden.

BEISPIEL-AFFIRMATION:

Ich kann mein innerstes Selbst gefahrlos anderen Menschen zeigen.

*N*achfolgend werden die Aussagen vom Beginn dieses Kapitels wiederholt, zusammen mit einer Affirmation, die zu dem jeweiligen Glaubenssatz passt.

✻ Machen Sie diese Affirmationen zum festen Bestandteil Ihres Tagesablaufs. Wiederholen Sie sie möglichst oft laut oder in Gedanken: im Auto, bei der Arbeit, während Sie in den Spiegel schauen oder jedes Mal, wenn ein negativer Glaubenssatz zum Vorschein kommt.

Ich habe Angst vor Zurückweisung.

Ich liebe und akzeptiere mich und bin stets sicher und geborgen.

Liebe ist vergänglich.

Liebe ist ewig.

In einer Liebesbeziehung fühle ich mich wie in einem Käfig.

Die Liebe bewirkt, dass ich mich frei fühle.

Liebe macht mir Angst.

Ich bin sicher und geborgen, wenn ich liebe.

Ich muss dann alles so machen, wie es der Partner/die Partnerin von mir erwartet.

Affirmationen für Liebe und Nähe 163

Mein Partner/meine Partnerin und ich sind völlig gleichberechtigt.

Wenn ich auch auf meine eigenen Bedürfnisse achte, zerbricht die Beziehung.

In unserer Partnerschaft sorgen wir beide gut für uns selbst.

Ich bin eifersüchtig.

Eifersucht ist lediglich ein Zeichen von Unsicherheit. Ich entwickle jetzt ein gesundes Selbstwertgefühl.

In einer Partnerschaft kann ich nicht ich selbst sein.

Die Menschen lieben mich dafür, dass ich mein individuelles Wesen entfalte und zum Ausdruck bringe.

Ich bin nicht gut genug. Wer sollte mich schon als Partner wollen?

Ich bin es wert, geliebt zu werden.

Ich will nicht so eine Ehe, wie meine Eltern sie geführt haben.

Ich bin nicht meine Eltern. Ich lasse ihre Denk- und Verhaltensmuster hinter mir.

Ich weiß nicht, wie man liebt.

Es fällt mir von Tag zu Tag leichter, mich selbst und andere zu lieben.

Ich werde doch nur wieder verletzt und enttäuscht.

Je mehr ich mich für die Liebe öffne, desto sicherer und geborgener wird mein Leben.

Gegenüber jemandem, den ich liebe, bin ich völlig wehrlos und kann nicht Nein sagen.

Mein Partner/meine Partnerin und ich respektieren die Entscheidungen des anderen.

Mit mir hält es niemand lange aus.

Ich erschaffe jetzt eine dauerhafte liebevolle Partnerschaft.

»ICH GEBE MIR DIE ERLAUBNIS, LIEBE UND NÄHE ZU ERFAHREN.«

Affirmationen für Liebe und Nähe 165

BEHANDLUNG
FÜR LIEBE UND NÄHE

Ich bin eins mit dem Leben, und alles Leben liebt und unterstützt mich. Daher beanspruche ich für mich Liebe und Nähe als festen Bestandteil meines Lebens. Ich identifiziere mich nicht mit meinen Eltern und deren Denk- und Verhaltensmustern bezüglich Intimität und Partnerschaft. Ich bin mein eigenes, einzigartiges Selbst und ich entscheide mich dafür, eine dauerhafte liebevolle Beziehung zu erschaffen – eine, die für meinen Partner/meine Partnerin und für mich in jeder Hinsicht erfüllend und befriedigend ist. Wir ergänzen einander wunderbar und haben ähnliche Rhythmen und wir bringen gegenseitig das Beste in uns zum Vorschein. Wir sind romantisch und wir sind die besten Freunde. Ich freue mich an dieser dauerhaften Liebesbeziehung. Das ist die Wahrheit meines Seins, und ich akzeptiere sie jetzt. Alles ist gut in meiner liebevollen Welt.

Affirmationen für das Älterwerden

»Ich bin in jedem Alter schön und vital.«

ÄLTERWERDEN-CHECKLISTE

Welche der folgenden Aussagen treffen auf Sie zu? Am Ende dieses Kapitels werden Sie in der Lage sein, jedem dieser negativen Gedanken einen positiven entgegenzusetzen.

☐ Ich habe Angst vor dem Altern.

☐ Ich fürchte mich davor, dass ich faltig und fett werde.

☐ Ich will nicht in einem Pflegeheim enden.

☐ Altsein bedeutet, hässlich und unerwünscht zu sein.

- ☐ Altsein bedeutet, unter allen möglichen Krankheiten zu leiden.
- ☐ Niemand will gerne alte Menschen um sich haben.

Wie alt Sie auch gegenwärtig sein mögen, wir alle werden unaufhaltsam älter. Aber wir haben großen Einfluss darauf, *wie* wir altern.

Was macht uns alt? Bestimmte Glaubenssätze über das Älterwerden, wie zum Beispiel der Glaube, dass Altwerden zwangsläufig damit verbunden ist, krank und gebrechlich zu werden. Hass auf den eigenen Körper. Selbsthass. Der Glaube, immer zu wenig Zeit zu haben. Verbitterung. Scham und Schuldgefühle. Angst. Vorurteile. Selbstgerechtigkeit. Kritiksucht. Seelische Lasten mit sich herumschleppen. Sich von anderen Menschen kontrollieren und manipulieren lassen. Alle diese Glaubenssätze machen uns alt.

Was glauben Sie persönlich über das Älterwerden? Sehen Sie kranke, hinfällige alte Leute und denken, dass es Ihnen später auch so ergehen wird? Sehen Sie die Armut, unter der manche alte Menschen leiden, und denken, dass auch Ihnen ein solches Schicksal droht? Bemerken Sie, wie einsam manche Menschen im Alter sind, und fragen sich, ob Sie selbst es später besser haben werden? Wir müssen solche negativen Vorstellungen nicht akzeptieren. Wir können all das ändern. Es muss nicht immer so weitergehen. Wir können uns unsere Macht zurückholen.

Dass Sie sich vital und energiegeladen fühlen, ist viel wichtiger als ein paar Falten mehr oder weniger, aber als Gesellschaft haben wir uns den Glauben zu eigen gemacht, wir wären nur akzeptabel, solange wir jung und schön sind.

Warum stimmen wir einem solchen Glaubenssatz zu? Warum haben wir Liebe und Mitgefühl für uns selbst und füreinander vergessen? Damit haben wir das Leben in unserem Körper zu einer unangenehmen Erfahrung gemacht. Jeden Tag halten wir nach Fehlern und Makeln an unserem Körper Ausschau und sorgen uns wegen jeder Falte. Aber das bewirkt nur, dass wir uns schlecht fühlen – und dadurch bekommen wir *mehr* Falten. Selbstliebe ist das nicht. Es ist Selbsthass. Kein Wunder, dass wir kein Vertrauen in unseren Körper und das Leben haben und an uns selbst zweifeln.

Was bringen Sie Ihren Kindern bezüglich des Älterwerdens bei? Welches Beispiel leben Sie ihnen vor? Sehen sie in Ihnen einen dynamischen, liebevollen Menschen, der jeden Tag genießt und sich auf die Zukunft freut? Oder sind Sie eine verbitterte, ängstliche Person, die sich vor dem Alter fürchtet und damit rechnet, später krank und allein zu sein? Unsere Kinder lernen von *uns*! Und ebenso auch unsere Enkelkinder. Was für ein Leben im Alter sollen sie sich vorstellen und erschaffen? Sind Sie ihnen dafür ein gutes Vorbild?

In früheren Zeiten lebten wir nicht sehr lange. Noch zur Wende vom 19. zum 20. Jahrhundert galt man mit 50 Jahren als alt. Im Jahr 1900 betrug die durchschnittliche Lebenserwartung 47 Jahre. Heute erscheint es uns als normale Lebensspanne, 80 und mehr Jahre alt zu werden.

Warum machen wir keinen Quantensprung des Bewusstseins und öffnen uns für die Möglichkeit, 120 oder 150 Jahre zu leben?

Das ist keineswegs unerreichbar. Ich sehe, dass es für die meisten von uns innerhalb von zwei Generationen normal und natürlich geworden ist, sehr viel länger zu leben. Mit 45 galt man bislang als im mittleren Alter, aber das wird sich ändern. Ich sehe voraus, dass demnächst 75 als mittleres Alter gelten wird. Über Generationen haben wir uns von der Zahl der Jahre, die wir schon auf dem Planeten leben, diktieren lassen, wie wir uns fühlen und verhalten sollen. Wie bei jedem Aspekt des Lebens gilt auch hier, dass das, war wir über das Alter glauben und akzeptieren, für uns Wirklichkeit wird. Darum ist es an der Zeit, unsere Glaubenssätze über das Alter und die späten Jahre unseres Lebens zu ändern! Wenn ich mich umschaue und gebrechliche, ängstliche alte Leute sehe, sage ich mir: »So muss es nicht sein.« Viele von uns haben inzwischen gelernt, dass wir unser Leben ändern können, indem wir unser Denken ändern.

Ich weiß, dass wir unsere Glaubenssätze bezüglich des Alterns ändern und den Alterungsprozess zu einer positiven, vitalen, gesunden Erfahrung machen können.

Wir können unsere Überzeugungen und Denkmuster grundlegend wandeln. Aber um das zu werden, was ich die »exzellenten Alten« nenne, müssen wir die *Opfermentalität* aufgeben. Solange wir uns selbst für unglückselige, ohnmächtige Individuen halten und glauben, die Regierung müsse alles für uns erledigen, werden wir als ältere Generation niemals Fortschritte machen. Wenn wir uns hingegen zusammentun und kreative Lösungen für unsere späteren Jahre entwickeln, dann verleiht uns das wirkliche Macht, und wir können unsere Nation und die ganze Welt zum Besseren verändern.

Es ist Zeit, dass wir ältere Menschen uns unsere Macht von den Pharmakonzernen und der Medizinindustrie zurückholen. Die teure Hightech-Medizin ist vor allem ein lukratives Geschäft auf dem Rücken der alten Menschen, deren Gesundheit von ihr nicht erhalten, sondern zerstört wird. Es ist für alle Menschen (vor allem aber für die älteren) höchste Zeit, dass wir lernen, unsere Gesundheit selbst in die Hand zu nehmen. Wir sollten uns über die Verbindung von Geist und Körper informieren – damit wir verstehen, auf welche Weise das, was wir denken, sagen und tun, uns entweder krank macht oder gesund erhält.

ÜBUNG

IHRE GLAUBENSSÄTZE ZUM THEMA ALTERN

✳ Beantworten Sie aufrichtig die folgenden Fragen.

1. Wie altern Ihre Eltern? (Oder wie alterten sie, falls sie bereits verstorben sind?)

2. Wie alt fühlen Sie sich?

3. Was tun Sie, um der Gesellschaft/Ihrem Land/ dem Planeten zu helfen?

4. Wie erschaffen Sie in Ihrem Leben Liebe?

5. Welche Vorbilder haben Sie?

6. Was vermitteln Sie Ihren Kindern bezüglich des Alterns?

7. Was tun Sie heute, um später im Alter gesund, glücklich und vital zu sein?

8. Was denken Sie über alte Menschen und wie verhalten Sie sich ihnen gegenüber?

9. Wie stellen Sie sich vor, wird Ihr Leben aussehen, wenn Sie 60, 75, 85 sind?

10. Wie soll man sich Ihnen gegenüber verhalten, wenn Sie alt sind?

11. Wie möchten Sie sterben?

✽ Gehen Sie Ihre Antworten durch und verwandeln Sie jede negative Aussage in eine positive Affirmation. Stellen Sie sich vor, dass Ihre späten Jahre die schönste Zeit Ihres Lebens werden.

Am Ende dieses Regenbogens wartet ein Topf voller Gold auf uns. Wir wissen, dass diese Schätze da sind. Wir müssen lernen, wie wir die späten Jahre zur besten Zeit unseres Lebens machen können. Und diese Geheimnisse, die wir an unserem Lebensabend entdecken, sollten wir mit den nachfolgenden Generationen teilen. Ich weiß, dass das, was ich »aktives Jungsein« nenne, in jedem Lebensalter möglich ist. Wir müssen nur herausfinden, wie man es macht.

Affirmationen für das Älterwerden

*Hier sind einige Geheimnisse für »aktives Jungsein«,
die ich für mich entdeckt habe:*

* Das Wort »alt« aus unserem Vokabular streichen.
* Statt »alt werden« die Formulierung »länger leben« verwenden.
* Bereit sein für evolutionäre Quantensprünge.
* Sich nicht manipulieren lassen.
* Unsere Vorstellung davon verändern, was »normal« ist.
* Krankheit in vitale Gesundheit verwandeln.
* Gut für unseren Körper sorgen.
* Sich von einengenden Glaubenssätzen lösen.

* Freier und flexibler denken.

* Aufgeschlossen sein für neue Ideen.

* Die Wahrheit über uns selbst akzeptieren.

* Selbstlos der Gesellschaft dienen.

Erschaffen wir uns bewusst ein Ideal für unsere späteren Jahre, das diese Phase zur lohnendsten unseres ganzen Lebens macht. Vertrauen wir darauf, dass unsere Zukunft immer hell und freundlich ist, und zwar in jedem Alter. Dazu müssen wir nur unser Denken verändern. Es ist an der Zeit, alle angstvollen Vorstellungen bezüglich des Alterns aus unserem Bewusstsein zu tilgen. Was wir brauchen, ist ein Quantensprung des Denkens. Gemeinsam können wir die Gesellschaft verändern, sodass jene, die lange leben, immer noch jung sind – und die Lebenserwartung nicht auf die heute als »normal« betrachtete Anzahl von Jahren beschränkt bleibt. Machen wir unsere späteren Jahre zu einer wunderbaren Schatzkammer für uns selbst und die ganze Menschheit!

*N*achfolgend werden die Aussagen vom Beginn dieses Kapitels wiederholt, zusammen mit einer Affirmation, die zu dem jeweiligen Glaubenssatz passt.

* Machen Sie diese Affirmationen zum festen Bestandteil Ihres Tagesablaufs. Wiederholen Sie sie möglichst oft laut oder in Gedanken: im Auto, bei der Arbeit, während Sie in den Spiegel schauen oder jedes Mal, wenn ein negativer Glaubenssatz zum Vorschein kommt.

Ich habe Angst vor dem Altern.
Ich lasse alle auf das Altwerden bezogenen Ängste hinter mir.

Ich fürchte mich davor, dass ich faltig und fett werde.
Mein Körper und mein Geist sind in jedem Alter wunderschön.

Ich will nicht in einem Pflegeheim enden.
Ich bin stark und kann gut für mich selbst sorgen.

Altsein bedeutet, hässlich und unerwünscht zu sein.
Ich liebe und werde von allen in meiner Welt geliebt.

Altsein bedeutet, unter allen möglichen Krankheiten zu leiden.
Ich bin in jedem Alter blühend gesund.

Niemand will gerne alte Menschen um sich haben.
Die Menschen mögen mich und schätzen meine Gesellschaft. Wie alt ich bin, spielt dabei überhaupt keine Rolle.

»Ich bin während meines ganzen Lebens umgeben von wunderbaren Menschen.«

BEHANDLUNG FÜR GESUNDES ÄLTERWERDEN

Ich bin eins mit dem Leben, und alles Leben liebt und unterstützt mich. Daher beanspruche ich für mich geistigen Frieden und Lebensfreude in jedem Alter. Jeder Tag ist neu und anders und bringt seine eigenen Freuden. Ich nehme aktiv am Leben in der Welt teil. Ich lerne gerne dazu und bin offen für neue Erkenntnisse und Einsichten. Ich sorge bestens für meinen Körper. Ich wähle Gedanken, die mich glücklich machen. Ich habe eine starke Verbindung zum Spirituellen, die mich zu allen Zeiten trägt und nährt. Ich bin nicht meine Eltern und muss nicht so altern oder sterben wie sie. Ich bin mein eigenes, einzigartiges Selbst und ich entscheide mich dafür, bis zu meinem letzten Tag auf diesem Planeten ein zutiefst erfülltes Leben zu führen. Ich lebe in Harmonie und liebe die Gesamtheit des Lebens. Das ist die Wahrheit meines Seins, und ich akzeptiere sie jetzt. Alles ist gut in meinem Leben.

Einige Gedanken zum Schluss

Wir haben nun den Einsatz von Affirmationen in verschiedenen Lebensbereichen erprobt. Die vorangegangenen Kapitel sind lediglich Orientierungshilfen, um Ihnen zu zeigen, wie vielfältig Sie positive Affirmationen im Alltag nutzen können. Werden Sie kreativ und erfinden Sie Ihre eigenen Affirmationen, passend für Ihre persönliche Lebenssituation.

Wenn Sie beim Formulieren eigener Affirmationen unsicher sind, wenden Sie einfach diese Affirmation an:

»*Innere Weisheit, hilf mir, die richtigen Worte auszuwählen, um die beste Affirmation zur Erfüllung meines Wunsches zu formulieren.*«

Bringen Sie an verschiedenen Orten bei sich zu Hause unterschiedliche Affirmationen an. Dann können Sie eine Affirmation am Arbeitsplatz aufhängen oder, wenn Sie nicht wollen, dass andere sie sehen, legen Sie sie in die Schreibtischschublade, wo nur Sie selbst sie sehen können.

Am Armaturenbrett Ihres Autos können Sie eine Affirmation für sicheres und friedliches Autofahren anbringen. (Kleiner Hinweis: Wenn Sie unterwegs ständig über andere Autofahrer schimpfen, ziehen Sie alle schlechten Fahrer damit geradezu magnetisch in Ihren Erfahrungsbereich, sodass Sie ständig neue Gelegenheiten erhalten, sich über sie aufzuregen. Diese Fahrer erfüllen dann Ihre negative Affirmation.)

Schimpfen, sich Sorgen machen, Hassgefühle – das alles sind Affirmationen. Dadurch ziehen Sie immer genau das, was Sie affirmieren, in Ihr Leben. Liebe, Wertschätzung, Dankbarkeit und Komplimente sind ebenfalls Affirmationen, und auch sie ziehen das in Ihr Leben, was Sie affirmieren.

Dieses kleine Buch kann für Sie ein Wegweiser sein in ein wundervolles Leben. Doch das wird nur möglich, wenn Sie die hier gegebenen Empfehlungen auch anwenden. Solange die Affirmationen hier zwischen den Buchdeckeln bleiben und Sie sie nicht aktiv in Ihrem Leben einsetzen, werden sie nichts zur Verbesserung Ihrer Lebensqualität beitragen.

So, wie es keine Rolle spielt, an welcher Stelle Sie mit einem Hausputz beginnen, ist es auch gleichgültig, in welchem Lebensbereich Sie zuerst Veränderungen vornehmen. Am besten ist es, wenn Sie mit etwas Leichtem beginnen, weil sich dann schnell Resultate einstellen. Die daraus resultierende Zuversicht können Sie nutzen, um sich an die größeren Aufgaben heranzuwagen.

Ich weiß, dass Sie es können. Wenn Sie einen Monat lang beharrlich mit den Übungen in diesem Buch arbeiten, werden sich ohne jeden Zweifel positive Ergebnisse einstellen. Beginnen Sie gleich jetzt, sich ein neues, positives Selbstbild und eine wundervolle Zukunft zu erschaffen!

Louise L. Hay

Über die Autorin

Louise L. Hay begann ihre Arbeit, als sie bei der Selbstheilung ihrer eigenen Krebserkrankung erfuhr, welche Bedeutung eine positive Lebenseinstellung für den Heilungsprozess haben kann. Ihre ersten Bücher stellten in den 80er Jahren eine Revolution für das Selbstverständnis von Aids- und anderen Schwerstkranken dar. Seitdem hat sie mit ihrer Methode der positiven Selbstbeeinflussung mehr als 50 Millionen Menschen in über 30 Ländern der Welt geholfen. Um ihr Werk ist mit Hay House ein eigener Verlag entstanden, der heute in den USA zu den wichtigsten Vorreitern alternativer Gesundheitslehren und eines neuen humanen Umgangs mit menschlichen Problemen gehört. Ihr Name wurde zum Synonym für die Aktivierung von Selbstheilungskräften zur Unterstützung jeder ärztlichen Therapie. Sie lebt in Kalifornien.

Bibliographie

Von Louise L. Hay sind in deutscher Sprache
erschienen und lieferbar:

Bücher

Heile deinen Körper
Gesundheit für Körper und Seele
Gesundheit für Körper und Seele
(farbige Geschenkausgabe)
Meditation für Körper und Seele (Geschenkausgabe)
Wahre Kraft kommt von innen
Balance für Körper und Seele
Die Kraft einer Frau
Das Leben lieben
Du kannst es!
Du selbst bist die Antwort
Die innere Ruhe finden
Liebe deinen Körper
Gute Gedanken für jeden Tag
Du bist dein Heiler!
Aufbruch ins Licht
Das Beste, was mir je passiert ist
Alles wird gut!
Liebe statt Angst
You can heal your life – Das Filmbuch
Ich bin, was ich denke (Kinderbuch)

Audio (CDs)

Balance für Körper und Seele
Gedanken der Kraft
Liebe statt Angst
Du bist dein Heiler!
Heilende Gedanken für Körper und Seele
Gesundheit für Körper und Seele
Verzeihen ist Leben
Du kannst es!
Meine innere Weisheit
Liebe deinen Körper
Meditationen für den Morgen und die Nacht
Das Geschenk für Körper und Seele

Video

Ihr Weg zum erfüllten Leben (DVD)
You can heal your life – Der Film (DVD)
Grenzen überwinden (DVD)
Ein Treffen mit Louise L. Hay (DVD)

Kartensets

Körper und Seele
Glück und Weisheit
Jeden Tag gut drauf
Du kannst es!
Du bist dein Heiler!

Jetzt auf

Allegria

*Das
Geheimnis
wahren
Reichtums*

**LOUISE L. HAY
Ihr Weg zum
erfüllten Leben**
€ [D+A] 24,95 / sFr 47,50
ISBN 978-3-7934-2132-0

*Das Geschenk für die über
2 Millionen Leser ihrer
Erfolgsbücher – ein Schnell-
kurs in Gesundheit für
Körper und Seele.*

Jetzt auf

*Der Sensations-
erfolg aus den
USA jetzt in
den deutschen
Kinos*

**LOUISE L. HAY
You Can Heal Your Life
Der Film**
€ [D+A] 24,95 / sFr 47,50
ISBN 978-3-7934-2157-3

*Unter der Regie von Hollywood-
Regisseur Michael Goorjian entfaltet
sich in großartigen Bildern die
Geschichte einer spirituellen
Sucherin, die mit Louise L. Hay zu
einem neuen Leben findet.*

Ich hoffe, dass diese Botschaft der Liebe nicht nur Ihre Kinder inspiriert, sondern auch Sie.

Ihre Louise L. Hay

40 Seiten im Großformat
durchgehend farbig
€ 14,95; ISBN 978-3-939373-28-5

Lulu schloss die Augen, und plötzlich konnte sie sich selbst vor sich sehen – im wunderschönsten Theater, das sie sich überhaupt vorstellen konnte.
»Und jetzt«, fuhr die kleine Ameise fort, »siehst du dich auf der Bühne tanzen. Du bist die hübscheste und anmutigste Ballerina, die es jemals gab. Siehst du es?«
Lulu sah es. Sie war so aufgeregt, dass sie beinahe die Augen geöffnet hätte, aber sie wollte, dass dieses Gefühl für immer anhielt.
Sie war da auf der Bühne und tanzte ganz hinreißend – auch wenn ihre Beine immer noch ein wenig dünn waren.
Langsam verblasste dieses Bild, und sie öffnete die Augen wieder.
»Ich hab's gesehen!«, rief sie. »Ich war so wunderschön und habe so anmutig getanzt! Oh, ich danke dir! Jetzt weiß ich einfach, dass ich eine wundervolle Ballerina werden kann, wenn ich nur will!«

Bestell-Hotline: +49 (0) 61 81 – 18 93 92   *Überall erhältlich!*